DILE ADIÓS
A TUS TEMORES

ATRIA BOOKS
1230 Avenue of the Americas
New York, NY 10020

ISBN-13: 978-0-7432-9087-6
ISBN-10:   0-7432-9087-9

Primera edición en rústica de Atria Books: marzo 2007.

10   9   8   7   6

ATRIA BOOKS es un sello editorial registrado de Simon & Schuster, Inc.

Impreso en los Estados Unidos de América

Para obtener información respecto a descuentos especiales en ventas al por mayor,
diríjase a *Simon & Schuster Special Sales* al 1-800-456-6798, o a la siguiente
dirección electrónica: business@simonandschuster.com.

DILE ADIÓS
A TUS TEMORE

Cómo vencer los miedos
y vivir completamente feliz

MARCOS WITT

ATRIA BOOKS

New York   London   Toronto   Sydney

DEDICATORIA

Quiero dedicar este libro a la congregación hispana que se reúne cada semana en la iglesia de Lakewood para aprender a vivir como campeones. Ustedes son una gran inspiración para mí. Su pasión por ser agentes de un cambio positivo en nuestra cultura es una de las razones por las que me comprometo semana a semana a ser un mejor comunicador y brindarles mejores mensajes.

Este libro comenzó como una serie de mensajes que dicté a la congregación en el año 2003. Ahora les entrego esta obra para que, con renovado y determinado fervor, puedan dejar atrás el temor. Mi esposa Miriam y yo los amamos y estamos comprometidos con su crecimiento en el Señor. Nuestro deseo es que sean llenos de gracia y sabiduría.

Con amor,

M. Witt
Houston, Texas
octubre 2006

ÍNDICE

PRÓLOGO

por Joel Osteen

El miedo puede ser uno de los aspectos más desalentadores de la vida; incapacita a algunas personas, y priva del amor, la alegría y la eficacia a millones de otras. El miedo puede despojarte de tu amor propio; puede impedirte vivir a plenitud y atraparte en una cárcel construida por ti mismo.

El miedo con frecuencia se engendra en la ignorancia —ignorancia de los hechos, ignorancia del amor de Dios, ignorancia de la Palabra de Dios. Tendemos a temer todo aquello que nos resulta ajeno. Es fácil ser intimidado por lo desconocido, personas, lugares o experiencias que nos resultan diferentes o ajenos. Si lo permites, el miedo devastará tu presente y destruirá tu futuro.

Es por eso que me regocija que mi querido amigo y colega Marcos Witt haya escrito este libro liberador. En *Dile adiós a tus temores* descubrirás cómo confrontar directamente el miedo, encontrarás las claves para determinar en qué consiste tu miedo y por qué estás temeroso. Y lo más importante de todo, Marcos te ayudará a centrar tu atención en Dios, y en Su amor, Su poder y Sus promesas para socorrerte. Marcos te enseña a imponerse a las fobias, la ansiedad y el pánico y a ese presentimiento de que «todo no anda bien». Él te señala los pasajes específicos de la Palabra de Dios que responden a tus temores, y te muestra cómo usar esas escrituras para derrotar el miedo mediante la alabanza.

Conozco a Marcos Witt personalmente desde hace varios años, y ha sido un placer trabajar estrechamente con él y considerarlo un verdadero amigo. Es un hombre íntegro y de fe con un don de Dios para la comunicación. He visto de primera mano cómo operan los principios contenidos en este libro, y sé que, si pones de tu parte, Dios usará el discernimiento de Marcos Witt para ayudarte a sobreponerte a tus temores y a vivir la vida de victoria que Dios te tiene reservada.

—Joel Osteen

DILE ADIÓS
A TUS TEMORES

CAPÍTULO UNO

Entenderlo para conquistarlo

A nada en la vida se le debe tener miedo.
Sólo debe entenderse.

M. CURIE

Serpientes y escaleras

La sensación que sentí fue mucho más que simple miedo o espanto: ¡fue puro PAVOR! Era una noche similar a todas en la que se acercaba la hora de subir al dormitorio que compartía con mis dos hermanos para dormir. Habíamos cenado y después de ayudar en algunos de los quehaceres de la casa me dispuse a subir las escaleras que llevaban a nuestra habitación. No era una casa grande. Vivíamos ahí mis papás, mis dos hermanos, mis hermanas gemelas y yo. Sólo tres recámaras y un baño y medio. Mis hermanas compartían una habitación en la planta baja al lado del dormitorio de nuestros papás. En la segunda planta había un salón grande, que usábamos para jugar, leer o estudiar. Típicamente, esta pieza es lo que llamarían la «sala de TV», pero en mi casa, no había televisor. Atravesando por ese salón se llegaba a la puerta que conducía a nuestra recámara, con un medio baño y las literas donde dormíamos mis hermanos y yo. Para subir a la segunda planta, había que abrir una puerta, que se encontraba a un costado de la cocina, y subir unas escaleras. Éstas no eran más que grandes tablas de concreto marmoleado, puestas sobre unas repisas de hierro. Entre cada escalón, se alcanzaba a ver la oscuridad debajo de las escaleras, que era un espacio donde mi mamá guardaba artículos que no eran de uso diario. Pocas veces teníamos acceso a ese espacio y tampoco teníamos muchos deseos de entrar.

Una noche, abrí con total confianza la puerta que daba a la segunda planta, notando que la luz del pasillo estaba apagada. No pensé nada al respecto porque sabía que había un apagador al lado de la escalera que yo podía prender para que hubiese luz. Lo que pasó a continuación es algo que se me ha quedado grabado en la mente por el resto de mi vida. Cuando puse mi pie en ese primer escalón, sentí un movimiento debajo de la escalera que hizo que mis ojos se dirigieran a esa oscuridad. Mi corazón comenzó a palpitar más rápidamente ya que pude darme cuenta de que algo estaba fuera de lo normal. De pronto vi una mano que se extendía de entre los peldaños de la escalera y se asía fuertemente de mi tobillo. Pegué un grito despavorido que seguramente se escuchó alrededor de toda la cuadra. Mis dos hermanos se habían escondido entre las cajas que estaban debajo de la escalera y habían esperado pacientemente hasta que yo apareciera, para llevar a cabo su travesura de terror.

De esa ocasión a la fecha han pasado 32 años (al escribir esta historia tengo 43 años y eso me sucedió a los 11) y aún puedo sentir la angustia de ese horrible momento. Me desplomé al piso. Mi cuerpo se sacudía como hojas en el viento, mi aliento era rápido y escaso, y el corazón me latía a mil por hora. Lo único que se escuchaba más fuertemente que el latir de mi corazón eran las risas de mis hermanos a los que les había parecido muy graciosa su maldad. Puedo asegurar que pocas veces en mi vida había sentido tal pánico absoluto. Después de ese incidente, subía esas escaleras con cierta angustia y me aseguraba, antes de escalar, que no había nadie debajo de ellas para espantarme.

Todos tenemos nuestras propias historias, ¿no es cierto? Momentos vividos, recuerdos tenebrosos, segundos de pánico y angustia total. En la vida, todos tenemos miles de oportunidades de enfrentarnos al temor. No hay manera de evitarlo. Es parte de nuestro diario vivir. Sin embargo, lo que hacemos con esas oportunidades es lo que determinará si le diremos adiós al temor, o si seguiremos viviendo en sus cadenas de esclavitud. Una gran cantidad de personas vive completamente controlada por sus temores, dudas, fobias, angustias, malos augurios y nerviosismos. Pero, no hay necesidad de vivir así. Tengo buenas noticias: ¡podemos vivir en libertad! Podemos vivir tranquilos, seguros y sin temor de nada ni nadie.

De niño, recuerdo haber jugado un juego de mesa que se llamaba «Serpientes y Escaleras». Se trataba de un tablero lleno de números intercalados por figuras de serpientes y escaleras sobrepuestas sobre los cuadros que contenían los números. El objetivo era alcanzar la meta lanzando un dadito que nos daba el número de espacios que podíamos avanzar o, en ocasiones, dependiendo de dónde caía nuestra figura, retroceder. La cola de una serpiente nos podía lanzar a una posición mucho más avanzada en el tablero o bien regresarnos hasta el principio. Una escalera podía ayudarnos a conseguir un número más alto o más bajo, dependiendo de la cifra que mostrara el dado y de dónde eso hacía caer nuestra figura. Me acordé de ese jueguito al estar pensando en mi experiencia de la escalera y mi otro gran terror: las víboras.

Lo más probable es que lo haya heredado de mi mamá. Ella siempre le ha tenido mucho miedo a las víboras. Pero, cuando le hablo de miedo, no le estoy hablando de cualquier cosa, sino del miedo más allá de los grados normales. Creo que mi mamá podría aguantar cualquier cosa en la vida, excepto enfrentarse a una víbora. ¡Igual que yo! Yo les tenía un pavor tan grande a las víboras que no las podía ver ni en películas, ni en fotos. No me importaba si estaban muertas o detrás de una vitrina. No las podía soportar en ninguna de sus presentaciones. Si llegaba a ver una víbora, todo mi cuerpo lo sentía. Era una mezcla de desesperación, angustia, temor, asco, repulsión y miedo puro. Mi reacción no se limitaba a un temor psicológico, sino que incluía una reacción física muy real. Lo que sentía era un hormigueo que corría por todo mi cuerpo. Mi corazón palpitaba más fuerte, mi respiración se cortaba y mis ojos se nublaban.

En la misma casa donde me ocurrió la experiencia de la escalera, teníamos un gran solar en la parte de atrás. Solíamos, mis hermanos y yo, pasar largas horas jugando en ese patio, con nuestra perra y cualquier otro juguete que niños de nuestra edad tendrían. Como era una casa de campo, estábamos rodeados de varias hectáreas de terreno deshabitado. Por ende, en muchas ocasiones veíamos diferentes animaluchos de la naturaleza, especialmente roedores de campo, ratas y demás. También se veían víboras de vez en cuando. Nunca olvidaré cuando ayudábamos a mi mamá a limpiar el jardín y mi hermana Nolita y yo trabajábamos a un costado de la casa arrancando zacate largo y verde. Dentro de ese zacate había una viborita de campo que se prendió de la mano de mi hermanita. Lo supimos porque ella sintió el piquete y corrió para decirnos que una «mamá gusano» la había mordido. Mi hermanita tendría 3 años de edad cuando sucedió esto y no sabía que lo que le había picado era una víbora y por eso la llamó así. Yo alcancé a llegar al lugar del incidente con suficiente tiempo para ver una víbora verde deslizarse por la tierra a su lugar de escondite, dejando a un grupo de humanos aterrorizados en su estela. Casi le vi una sonrisa de burla que tenía en la boca, porque todos los que estábamos ahí en ese momento le teníamos total pavor a todos los de su especie. Mi papá se encontraba fuera de casa y me tocó llevar a mi hermanita en bicicleta al consultorio del doctor que quedaba a unas cuantas cuadras de casa. Gracias a Dios que no fue nada serio y en poco tiempo mi hermana estuvo de vuelta en casa y regresamos a la normalidad.

En ese mismo patio, mi papá me había pedido quitar unos ladrillos que habían dejado unos trabajadores. Simplemente, estaban mal ubicados y él quería que los colocásemos en otro lugar menos visible. Yo tenía más de quince minutos moviendo ladrillos y estaba llegando a los últimos, cosa que me alegraba porque, la verdad sea dicha, no tenía muchos deseos de estar allí y lo que quería era jugar con mis amigos, cuando de pronto me percaté que había dos ojos negros repugnantes mirándome atentamente desde el pasto. Era una víbora grande, gorda, color café con rayas negras y ojos recortados muy feos que me desafiaban, casi reclamándome por haberla molestado a la mitad de su siesta de media tarde. No tardé ni un milisegundo en reaccionar. Tiré los ladrillos al suelo y me eché a correr lo más rápido posible gritando a voz en cuello: «Papá, papá... una víbora... grande... fea... enojada...». A los minutos salieron todos de la casa y mi papá con un azadón buscaba la manera de pescar la víbora para matarla. Para ser sincero, no recuerdo el final de la historia, o si la mataron o no, porque no me pude acercar más a ese sitio por el temor que sentía. En todo el tiempo que vivimos en esa casa no pude acercarme más a ese lugar por el recuerdo de esa víbora fea.

Las serpientes y las escaleras en mi vida me habían marcado para siempre. Y le aseguro que no se trataba de ningún juego. Era algo demasiado real en mi vida. Lo único que me da autoridad para hablar sobre el tema del temor es que he luchado contra él toda mi vida. En alguna expresión u otra, siempre he tenido que lidiar con él y salir adelante a pesar de que muchas veces me ha querido paralizar. El temor es algo tan real que ha debilitado a millones de personas, impidiéndoles alcanzar sus metas, objetivos e ideales en la vida. Pero esto no le debe pasar a usted. Usted será una de las personas que les dirán adiós a sus temores. Usted será una de las personas que saldrá de la cárcel del miedo y se convertirá en un gran campeón en la vida.

Conocer y conquistar

El gran historeador Tito Livio dijo las siguientes palabras: «Le tememos a las cosas en proporción a nuestra ignorancia de ellas». La mayoría de las personas tiene grandes temores debido a la falta de conocimiento. De hecho, en el caso específico del temor a los animales, en la gran mayoría de los casos, ellos nos tienen más miedo a nosotros que nosotros a ellos. Pasarían muchos años antes de darme cuenta de que esa víbora que me encontré debajo del ladrillo aquella tarde soleada en Durango, México, estaba más aterrada que yo por el hecho de que un ser cien veces más grande que ella, había descubierto su escondite, dejándola vulnerable ante cualquier ataque. Cuando usted y yo tememos a algo o a alguien, se ven más grandes y temibles de lo que realmente son. Esa víbora, por el temor que yo le tenía, se veía mucho más grande y amenazadora de lo que realmente era. ¿Qué me hacía falta? Conocer más acerca de las víboras. Así de sencillo. El Gran Maestro de todos los tiempos, Jesús, lo expresó aún mejor:

«Conocerás la verdad, y la verdad te hará libre» (Juan 8:32). Mientras más conozcamos la verdad, más libres viviremos de cualquier temor.

Mi vida cambió el dia que tomé una decisión. Le confieso que no fue una decisión fácil, pero fue de calidad. Estaba disfrutando una tarde con mis hijos mientras veíamos juntos un programa en televisión llamado *Crocodile Hunter (Cazador de Cocodrilos)* con un australiano llamado Steve Irwin, que falleció recientemente. Mis tres hijos varones, al igual que mi hija, Elena, siempre han tenido fascinación por la naturaleza y, en especial, por la vida animal. Desde muy pequeños, leían libros y estudiaban enciclopedias acerca de animales. Este programa de Steve Irwin se había convertido en uno de sus programas favoritos en la televisión. De pronto, un buen día, a este hombre se le ocurre que sus aventuras con cocodrilos y lagartos peligrosos no le satisface lo suficiente, así que comienza a expandir sus horizontes al mundo reptil de todo tipo: incluyendo víboras y serpientes peligrosas del mundo. Sin saber esta última información, una tarde estaba sentado con mis hijos en nuestra sala viendo el programa cuando, de pronto, aparece en la pantalla una enorme serpiente de colores vívidos y cálidos. Era una criatura larga, aceitosa y sigilosa y este hombre la tenía tomada de la cola, alzándola al cielo, mientras la cabeza de la víbora se encontraba cerca del piso intentando a toda costa buscar una escapatoria. Inmediatamente, comencé a sentir la misma reacción que había sentido toda la vida ante la imagen o presencia de una víbora: piel de gallina, corazón acelerado, respiración recortada, hormigueo por toda la espalda, etc... Mis hijos, que han sabido toda su vida acerca de mi terror por las víboras, comenzaron a hacerme bromas como:

«Mira, papá, ¡qué viborita tan linda! ¿Te gusta? Mira cómo se mueve, ¿te gustaría que te la pusieran aquí en el cuello...?» y cosas por el estilo. Se reían a carcajadas al ver mis reacciones de terror. Era algo que no podía contener. Era algo con lo que yo había vivido toda mi vida. Tendría, para ese entonces, unos 35 años de edad y aún no había vencido el miedo a las serpientes y mis hijos, ¡se burlaban de mí!

Fue en ese instante que tomé la decisión. De hecho, no me tardé un segundo en tomarla. Me forcé a ver ese programa de televisión, con todo y los síntomas que tenía en el cuerpo. No soportaba más tener ese miedo y era hora de hacer algo al respecto. Decidí que la única manera de quitarme esa fobia era acercándome a lo que le tenía miedo para conocerlo mejor. Y fue lo que hice en ese mismo momento.

Hoy puedo decir que estoy totalmente libre del miedo a las víboras. Lo he comprobado en varias ocasiones en que hemos ido a los zoológicos con la familia y, cosa que nunca había hecho antes, entré a la sección de reptiles y me detuve para conocer detenidamente a cada una de las víboras, de dónde provenían, cuáles eran sus gustos en alimentos y mucha más información que antes desconocía. Cuando conocí más acerca del mundo de los reptiles, me di cuenta de que la mayoría de esas víboras sólo ataca cuando se siente agredida. Si las dejamos en paz, nos dejarán en paz. He decidido que puedo vivir tranquilo dejándolas en paz.

La verdad fue lo que me liberó del miedo a las serpientes. La verdad es lo que lo hará libre a usted de ese temor que lo agobia. Mientras más nos acercamos a nuestros temores para conocerlos, más nos daremos cuenta de la mentira que se esconde detrás de ellos. Tito

Livio dijo «El miedo siempre está dispuesto a ver las cosas peores de lo que son». ¡Cuán acertadas son sus palabras!

Una historia de triunfo: Mi amiga Betty Santiesteban vive en la ciudad de Durango, donde crecí toda mi vida. En nuestra ciudad, tenemos fama mundial por nuestros alacranes. No porque sean grandes, ni feos ni de colores espantosos, sino porque portan un veneno mortal. En todas partes del mundo, se encuentran alacranes, pero en pocos lugares son tan peligrosos como lo son en nuestro querido Durango. Existen ciertas zonas de la ciudad que son más visitadas por los alacranes que otras. Una de esas zonas es el Fraccionamiento del Cerro de los Remedios, donde mis amigos, Betty y Chava Santiesteban tenían, en ese entonces, su casa. Betty cuenta que en las mañanas, antes de ponerse los zapatos, los revisaba para asegurarse de que no se había metido un alacrán dentro de ellos durante la noche. En ocasiones, abría un cajón y ahí estaba un alacrán en pleno estado de alerta: la cola para arriba, las pinzas posicionadas para prensar y listo para inyectar su veneno mortal a cualquier agresor que lo molestara. En fin, por toda la casa, todos los días, Betty se encontraba con alacranes y en ocasiones, eran docenas de alacranes en un mismo día. El problema es que ella sufría de una seria fobia a los alacranes. La aterrorizaban, y esto no conducía a una vida de mucha paz para ella.

Un día, Betty leyó las palabras de Nuestro Señor Jesús: «Conocerás la verdad y la verdad te hará libre» (Juan 8:32).

Tomó una decisión: conocer todo lo que podía acerca de los alacranes. Al indagar, se enteró que realmente había muy poco escrito al respecto y se dedicó a entrevistar a profesionales que trataban con víctimas de los alacranes. Buscó en la biblioteca del estado y revisó revistas y periódicos para saber de cualquier reportaje al respecto. De estos, recopiló una gran cantidad de datos y los empezó a juntar en un libro. Su idea original era acercarse al mundo de los alacranes para ayudarse a sí misma, pero el resultado fue algo aún más grande: la publicación de sus notas y dibujos en dos libros que han ayudado a miles de personas a librarse del temor a los alacranes. Betty, tratando de «conocer la verdad», se convirtió en una experta en el tema. Tal ha sido el reconocimiento que ha recibido respecto al tema que cuando el canal *National Geographic* quiso hacer un documental sobre los alacranes peligrosos de la tierra, llamó a Betty Santiesteban. Una sencilla ama de casa que decidió superar su temor a través de conocer la verdad. Es una verdadera historia de triunfo. La misma que usted tendrá al terminar de leer este libro.

Déle el frente

No hay manera de evitarlo. Todos nosotros seremos confrontados durante toda nuestra vida por situaciones que nos darán temor. La única manera de salir adelante es conocer la verdad para ser libres. Es importante que cada uno tome una decisión y diga «¡Basta! Estoy cansado de sentir este miedo. Hoy, cambiaré mi manera de pensar y haré algo al respecto». El hecho puede ser que usted «*sienta*» temor, pero la verdad es que no tiene por qué someterse y postrarse ante ese temor. Nunca podremos obtener la victoria si huimos. De hecho, cuando vemos cómo equipan a los soldados, notamos que la armadura principal se encuentra en la parte delantera. ¿Por qué? Porque esa es la parte que estará expuesta al enemigo. No hacen provisión para la espalda, porque un soldado conquistador es uno que siempre está de cara al enemigo. Un cobarde es uno que siempre está huyendo del enemigo. Usted y yo tenemos una sola opción: darle el frente de una vez y para siempre a este enemigo llamado temor.

Soy un ávido estudiante de la Biblia. Encuentro muchos ejemplos positivos en los personajes que se encuentran en sus páginas, además de consejos muy prácticos que me sirven en la vida diaria. Uno de los personajes más reconocidos de la Biblia es el joven David, quien llegó a ser uno de los guerreros y reyes más respetados de la historia. Sin embargo, de joven lo vemos con un dinamismo y un carisma que lo separan de los demás. Desde pequeño, confrontó desafíos que la mayoría de los muchachos de su edad no enfrentaban. Teniendo a su cargo las ovejas de Isaí, su padre, David en ocasiones tuvo que librar a sus ovejas de las garras de animales salvajes que intentaban invadir la pequeña manada para comérsela. Específicamente, conocemos la historia de un oso y un león que mató cuando se quisieron pasar de listos con sus ovejas. Fue una muestra de fuerza, determinación y valentía singular para un joven de su edad. Seguramente, habría tenido momentos de pánico y desesperación, pero en lugar de darles la espalda a estos grandes desafíos, los enfrentó. No huyó, a pesar de que la historia nos muestra que no tendría más de quince años cuando ocurrieron esos eventos. Seguramente, David nunca se habría imaginado que esas luchas con aquellos animales salvajes eran parte de su preparación para una de las pruebas más grandes de su vida.

Su enemigo, Goliat, era un tipo formidable. Con casi tres metros de altura, era el paladín del ejército filisteo. Además, era rudo, mal hablado y desafiante. Tanto así, que todo el ejército del pueblo de Israel se escondía en sus tiendas de acampar cada vez que salía este hombrón a desafiarlos, demandando que alguien le saliera al encuentro a pelear con él. Hasta el mismo rey Saúl, supuesto comandante en jefe de las tropas, dejaba pasar los días sin saber qué hacer ante esa grave situación. Sin tener un plan, sin alguien dispuesto a llevar uno a cabo, sin valor en sus corazones, el ejército entero se encontraba paralizado ante el burlón de Goliat que salía todos los días a reírse en sus caras, provocando más pánico y terror en el corazón de los soldados judíos. Un rey cobarde, unos soldados paralizados, un enemigo formidable y la falta de dirección, hacían que esta situación se convirtiera en un gran *impasse* en todos los aspectos.

Un día llegó el joven pastor David. No tardaría en saber que había algo radicalmente mal en el campamento de los soldados, entre los cuales se encontraban dos de sus hermanos, quienes eran la razón de su visita. Su padre le había encargado que les llevase comida a los hermanos que estaban en la guerra. Cuando sus hermanos lo vieron, se molestaron con David porque pensaban que el lugar en el que se encontraban era demasiado peligroso para un «niño» como él. Era

raro, porque no podía haber peligro donde no pasaba nada y en ese supuesto «campo de guerra» no estaba pasando nada. Sin embargo, mo-
lestos, trataron de convencer a David de que regresara a casa.

Mientras lo están tratando de convencer, sale Goliat a la escena
como lo hacía todos los días a la misma hora para comenzar su rito diario de burla y provocación. Cuando David lo ve y escucha lo que está
pasando, se indigna contra ese fortachón inmundo que se atreve a
burlarse de las tropas del pueblo de Dios. Su molestia es tal, que se
ofrece a ser el guerrero que se enfrente ante aquel enemigo. Una cosa
lleva a la otra y de pronto se encuentra delante del mismo Rey Saúl
explicándole por qué él podría ser el candidato para salir en contra de
ese burlón que los insultaba sin cesar. No teniendo ningún otro plan,
Saúl lo envía al enemigo con nada más que una bendición y la esperanza de que Goliat no lo aniquile totalmente.

Esta es la parte de la historia que me llama la atención, porque es
lo que nos va ayudar a usted y a mí a decirles adiós a nuestros temores
de una vez por todas. Seguramente, David entendió la gravedad del
momento. Seguramente, calculó el tamaño de Goliat. David sabía que
todo descansaba sobre sus hombros y que las vidas de miles de soldados dependían del buen o mal resultado de su plan. Toda su vida
David mostró sensatez y congruencia en todo lo que hacía y, a pesar
de ser muy joven en esta ocasión, no podemos imaginarnos que no
haya tenido esa misma cordura. Mi sentir es que David caminó rumbo
a ese gigantón con las rodillas temblándole, con el corazón corriendo a
mil por hora, con la frente sudada. Pero confiado, porque sabía que
dentro de él estaba una fuerza mayor, la de Dios, que lo ayudaría a destruir a este gran adversario. Pienso que David salió al encuentro de

Goliat A PESAR de lo que le decían sus emociones o sus temores. En todo momento, entiende que hay una fuerza mayor que él que lo va a ayudar a salir de este aprieto. Cuando el gigante se burla de David y aun se molesta con él porque esperaba un hombre más formidable contra quien pelear, David le contesta a los insultos con declaraciones de victoria, pero no en nombre de él ni del pueblo de Israel, sino en nombre de Dios, el Dios Todopoderoso, capitán de los escuadrones celestiales. El muchacho David entiende que lo único que nos puede liberar de nuestros enemigos, de nuestros temores y de nuestras angustias es Dios, Nuestro Señor. Él está más que presto para auxiliarnos en cualquier situación. Sin embargo, David también entendía que él tenía que hacer SU parte. Esto es lo que a muchos se nos olvida. Queremos que Dios diga algunas palabras mágicas, mueva su varita desde el cielo y «puff» ya todo queda arreglado. En la mayoría de los casos, no funciona así. Nosotros tenemos que hacer nuestra parte y Dios hace lo que nosotros no podemos hacer. Es una colaboración entre ambos. Esto lo entendió David. Ya se había encomendado a Dios y estaba listo para lo que seguía. Así que se preparó con su herramienta de guerra (su pequeña onda), sus municiones (cinco piedritas redondas tomadas de un arroyo), se armó de valor y salió al encuentro de su formidable enemigo.

«David se dio prisa y corrió a la línea de batalla» (1 Samuel 17:48). Quiero resaltar esta frase porque dice mucho acerca del porqué David se enfrentó a sus temores y los venció. Todos necesitamos aprender sobre eso. En esa línea vemos la ACTITUD de David ante el desafío. Una actitud emprendedora, de tomar cartas en el asunto inmediatamente y no dejar pasar un segundo más, antes de enfrentar el problema. «Se dio prisa». Dentro de sí, había determinado que había transcurrido demasiado tiempo con ese problema. No iba esperar un segundo más con las cosas como estaban, así que se dispuso a correr hacia la línea de la batalla en lugar de continuar su vida negando que existía un problema y escondiéndose en la comodidad de una tienda de acampar, como lo hacían todos sus compatriotas.

La mayoría de los que hemos luchado toda la vida contra alguna clase de temor no le ha dado el frente con la rapidez necesaria para cortar el problema en su estado embrionario. Muchas veces, por nuestra indecisión, el problema crece fuera de proporción, llevándonos a una crisis que destruye nuestras emociones, nuestra familia, los amigos y el mundo que nos rodea. Tenemos que hacer como David: una vez que reconozcamos que existe el problema, corramos a la línea de la batalla, enfrentémonos al gran gigante en nuestra vida y corrijamos de inmediato la situación para continuar nuestra vida en paz. Al igual que él, podremos encontrar que nuestra acción, nuestra entrega a Dios y nuestro compromiso en hacer algo al respecto traerá grandes resultados en nuestra vida personal, profesional, familiar y emocional. Veremos caer a ese gran Goliat, como lo vio David, y saborearemos el rico manjar del triunfo.

¡Dése prisa! ¡Corra a la línea de batalla! El hecho que usted tenga este libro en sus manos me indica que será una persona que le dirá adiós a sus temores y sabrá cómo tratar oportunamente con cada gigante que se le presente en la vida.

Es cuestión de decisión

Lo que causó que el pueblo de Israel fuese liberado del gigante Goliat fue el hecho de que hubo una persona entre ellos que se hartó a tal grado, que decidió hacer algo. Lo que nos llevará a usted y a mí a la victoria es una decisión permanente e inamovible de batallar con cada gigante que se nos presente. Algunos de esos gigantes nos intimidarán grandemente. Algunos nos harán sentir realmente incapaces de poder funcionar. Otros se burlarán de nosotros y nos dirán toda clase de cosas. Pero nos tenemos que decidir, hoy mismo, a salir de prisa a la línea de batalla y enfrentar esos gigantes con determinación y carácter; sabiendo que la Fuerza del Todopoderoso reside dentro de nosotros y nos ayudará a obtener la victoria. Si confiamos en Él, beberemos de Sus fuerzas y podremos enfrentarnos a cualquier desafío y salir triunfantes. Pero todo es cuestión de que nos decidamos.

Algunos nos hemos acostumbrado tanto al temor que ha llegado a ser parte de nuestra vida diaria. El miedo se ha vuelto parte de nuestro vocabulario. Por ejemplo, en ocasiones escucho a personas decir: «Temo que mis hijos no salgan adelante» o «me temo que mi esposo está siéndome infiel» o «temo que nunca podré salir adelante en mi trabajo» o «temo que nunca podré pagar esta deuda que tengo» o «temo que nunca podré superar este vicio que he tenido durante tantos años» o «temo que nuestra familia siempre vivirá en la pobreza que nos ha caracterizado por tantos años». Temo, temo, temo... Para decir adiós a nuestros temores, tendremos que cambiar nuestro vocabulario. Es imposible llegar a una victoria personal cuando tenemos el temor en nuestro diario hablar. Nuestras palabras son poderosas: edifican o destruyen. Cada vez que decimos: «temo que...» estamos clavando la estaca del temor más profundamente en nuestro corazón. Cada vez que pronunciamos el temor en nuestra vida, lo estamos afirmando y dándole cabida, en lugar de destruirlo y sacarlo de una vez y para siempre de nuestro corazón.

Todos conocemos la historia de Job, el paciente. Cómo, de un día para otro, lo perdió todo: casa, familia, bienes, dinero, tierras, riquezas, todo. Es interesante notar que en los primeros días que le vino esta gran prueba, lo escuchamos decir las siguientes palabras: «porque el temor que me espantaba me ha venido, y me ha acontecido lo que yo temía» (Job 3:25). Es decir, lo más probable es que en el vocabulario diario de Job estaba el temor de que algún día lo perdería todo, que se le vendría abajo todo el imperio que poseía. En su vocabulario diario estaba el temor. Entonces cuando le vino la pérdida, no le extrañó porque la había estado temiendo toda su vida. ¡Qué extraordinario ejemplo de por qué debemos cuidar lo que dice nuestra boca! Es aquí donde comienza el viaje que nos llevará a decirles adiós a nuestros temores: cambiar nuestra forma de hablar. Hágase un análisis honesto. ¿Existe el temor en su vocabulario? ¿Existen declaraciones de temor en su conversación diaria? ¿Sus palabras son de angustia y pesadez? Por aquí tenemos que empezar. Comience HOY MISMO a cambiar su vocabulario.

El cambio de vocabulario nos llevará a un cambio de mentalidad. Necesitamos cambiar nuestra manera de pensar. Si siempre estamos pensando que nuestros temores nos van a destruir y a vencer, eso es lo que va ocurrir. Si pensamos que saldremos adelante y que nos esperan mejores días, eso es lo que va ocurrir. Dice el gran proverbio antiguo: «Como piensa el hombre en su corazón, tal es él» (Proverbios 23:7). Si pensamos que podremos decirles adiós a nuestros temores, lo lograremos. Si pensamos que mañana será mejor que ayer, lo será. Si podemos pensar que somos guerreros, ganando victorias, así será. Tenemos que conquistar nuestra mente primero y de ahí podremos conquistar cualquier otra cosa. Muchas veces, nosotros somos nuestro principal enemigo.

Jim Whittaker fue el primer norteamericano en conquistar la cima del Monte Everest. Pocos han tenido la dicha de haber estado en esa cima. Whitaker escribió una frase que decía: «Uno nunca conquista una montaña. Las montañas no pueden ser conquistadas. Uno se conquista a sí mismo, sus esperanzas, sus temores». El resultado de conquistarse a uno mismo, es poder escalar las cimas más altas que nos da la vida. Podemos gozar de los placeres que la vida trae. Dios así lo diseñó. Él nos dio toda la creación para que la disfrutáramos y nos trajera placer. Desafortunadamente, muchos no hemos conquistado nuestras esperanzas y temores para poder disfrutar de la plenitud que Dios tiene para cada uno de nosotros. Decida hoy que usted no será una de esas personas. Decida hoy que usted será la excepción. «Mejor es el hombre que se conquista a sí mismo que a toda una ciudad» (Proverbios 16:32). Decida hoy que usted conquistará sus pensamientos y se convertirá en un gran guerrero, disfrutando así de la vida que Dios Nuestro Señor nos ha regalado en Su bondad y Su misericordia.

Cambiemos nuestras costumbres y nuestro vocabulario. Eso

nos ayudará a cambiar nuestra mentalidad. Por ejemplo, yo ahora puedo ver los programas de televisión sobre víboras y no siento absolutamente nada. ¡Qué cambio cuando lo comparo con los años en que no los podía aguantar! Me decidí, me acerqué a mi temor (corrí a la línea de batalla), cambié mi vocabulario (dejé de decir que me dan miedo las serpientes), cambié mi mentalidad (me empecé a decir que podía vencer ese miedo) y cambiaron mis costumbres (ahora puedo ver víboras en vivo, en fotos y en programas de televisión sin tener ninguna reacción). Habiendo dicho todo eso, le aseguro que no he llegado al grado de tener ganas de convivir con ellas. Las respeto, pero no les tengo miedo. Me alegro de que ellas tengan su hábitat y que en la mayoría de los casos nuestros mundos no tengan necesidad de cruzarse.

En conclusión, si usted se acerca más a sus temores para conocerlos, los podrá conquistar. Si usted conoce la verdad acerca de quién es y del Poder maravilloso que Dios ha depositado en su vida, usted les podrá decir adiós a sus temores y nunca sentir nostalgia por ellos, jamás. No desista en conocer la verdad, es lo que lo hará libre. Robert Schuller dijo en una ocasión: «Si escucha sus temores, se morirá sin saber cuán grande pudo haber usted sido». Usted es una gran persona. Estoy seguro que está iniciando uno de los mejores viajes de toda su vida: decir adiós a sus temores.

Para reír

Un grupo de niños entró a una casa de espantos. La más pequeña del grupo se quedó rezagada cuando de pronto se le aparece un vampiro y la niña se queda petrificada. El vampiro le dice. «Hola, niñita, ¿Te doy miedo?». A lo que la pequeña responde: «No gracias, señor vampiro. Ya tengo mucho».

Preguntas para reflexionar

1. ¿Es la palabra *temor* parte de mi vocabulario diario?

2. ¿Qué cosas puedo hacer para cambiar mi manera de hablar?

3. ¿Qué cosas puedo hacer para acercarme a mis temores y conocerlos mejor, para poderlos vencer?

4. ¿Qué hábitos, mentalidad o pensamientos tengo, que podría cambiar para decirles adiós a mis temores?

5. ¿Qué puedo hacer para «correr de prisa a la línea de batalla» para conquistar mis miedos?

Oración

Dios y Padre Celestial: Ayúdame a dejar atrás mis temores. Te pido que no me dé miedo el viaje mismo de dejar atrás mis temores. Te pido que me des la fortaleza y la determinación para cambiar mi manera de hablar, de pensar y de actuar con respecto al temor. Quiero tener la resolución necesaria para correr a la línea de la batalla, aprisa, para conquistar los temores de mi vida. Confío en ti y en tu poder para sacarme adelante. Muchas gracias por tus fuerzas.

CAPÍTULO DOS

Fobias, miedos y pánicos

Lo único a lo que debemos temer es al miedo mismo.

FRANKLIN DELANO ROOSEVELT

Sucedió en el aeropuerto internacional de la ciudad de Bogotá, Colombia. Habíamos sido parte de un multitudinario evento en el coliseo cerrado «El Campín», por espacio de tres días. Había cantando, dado varias conferencias, asistido a muchas entrevistas y otras actividades. Estaba exhausto. Puede sumársele que durante esos años (1994 a 1996) estaba atravesando un momento bastante difícil en mi vida personal, ya que vivía con una especie de depresiones constantes que no entendía y no sabía cómo combatir. Terminaba un concierto o alguna conferencia y me regresaba al hotel, triste, desanimado, llorando y confundido. A pesar de que la actividad había sido espectacular y mucha gente había sido tocada por el mensaje y la música de Dios, yo estaba librando una de las batallas más grandes que había vivido hasta ese momento. Después, me vine a dar cuenta que era la conjugación de varios factores la que me había llevado a ese estado de total desánimo. El factor principal era mi horario. Tenía tanto trabajo, en tantas ciudades, sin descansos ni respiros entre actividad y actividad, que mi cuerpo se estaba resintiendo y reclamando fuertemente ese ritmo acelerado. Gracias a Dios que a través de un gran psicólogo cristiano, el Dr. Doug Weis, me enteré que lo mío no era psicológico, sino físico. El día que el Dr. Weis me abrió los ojos sobre mi condición, fue un gran día en mi vida. Sin embargo, pasarían muchos años antes de saber qué fue lo que me pasó en el aeropuerto de Bogotá.

Cuando estábamos a escasos minutos de abordar el avión, me entró lo que ahora entiendo fue un ataque de pánico. Mi respiración se aceleró, mis manos comenzaron a sudar, sentía que no podía respirar y el corazón me palpitaba a un ritmo acelerado. Desde el lugar donde estaba sentado, un poco alejado de los demás pasajeros, alcanzaba a ver el avión a través de una pared de vidrio que nos separaba y eso me provocaba más pánico. Sentía que el avión se iba a estrellar, que no llegaríamos a casa y que todos terminaríamos muertos en ese vuelo. Mientras más lo pensaba, más me convencía de que eso era lo que iba suceder. Mi desesperación se aceleró más al ver que algunos de mis compañeros ya estaban abordando el avión y que no se daban cuenta de lo que me sucedía a mi. Sentía lágrimas en los ojos. La frustración crecía por la impotencia que me invadía en ese momento. Me sentía entre la espada y la pared. De pronto, dos de mis compañeros, Alfonzo Ortiz y Melvin Cruz, me observaron de lejos y se dieron cuenta de que algo estaba mal. Cuando llegaron a mi lado, ya yo estaba en total caos. La sensación de sofocación era insoportable. Sentía una presión enorme en el pecho que me hacía sentir que me moría. Cuando les expliqué lo que me estaba sucediendo, los dos, con mucha paciencia, me tomaron ambos de una mano y comenzaron a orar. Le dieron gracias a Dios por sus ángeles protectores que nos rodean. Le dieron gracias a Dios por el privilegio que habíamos tenido de estar en ese evento tan hermoso en Bogotá donde muchas vidas habían sido transformadas y tocadas por el poderoso amor de Dios. Le dieron gracias a Dios por mí y empezaron a orar en contra de ese temor que me estaba agobiando en ese momento. Sus voces y el contenido de las oraciones, fueron las dos cosas que me regresaron a la realidad. Fue casi milagroso. Inmediatamente, empecé a sentir una firme paz en mi interior. De nuevo miré el avión que estaba al otro lado de ese gran vidrio y la misma escena que sólo minutos antes había provocado una reacción tan negativa y temerosa en mí, ahora me llenaba de gozo al saber, que ese sería el vehículo que me llevaría a casa para reunirme con mi preciosa Miriam y mis hijos. Mi respiración comenzó a regresar a la normalidad. Mi corazón empezó a palpitar normalmente de nuevo. Había pasado ese momento tan oscuro. Me levanté, me limpié las lágrimas de los ojos y procedí a la puerta de embarque del avión, sabiendo que pasara lo que pasara, Dios tenía mi vida en Sus poderosas manos. Ese vuelo llegó a su destino sin ningún problema y volví a darme cuenta de que las palabras de Winston Churchill tenían mucha razón: «He pasado la mitad de mi vida temiendo cosas que jamás ocurrieron».

¿Por qué tenemos miedo?

El miedo es una sensación que se produce como reacción a un objeto, a una persona o a un hecho real. Es el resultado de un temor lógico, directamente vinculado a algo o alguien. Por ejemplo, cuando vemos venir el tren y nuestro auto está cruzando las vías, sentimos un miedo lógico, directamente vinculado a ese objeto (el tren) y hecho real (viniendo hacia nosotros). Una sensación hermana es la angustia que aparece como una alarma, diciéndonos que existe la inminente posibilidad del peligro. Da el mismo efecto que una luz amarilla diciendo: «hagamos pausa, tomemos toda precaución inmediata, en lo posible». Por ejemplo, cuando nos acercamos a la orilla de un gran precipicio, nuestro cuerpo produce una alarma diciendo: «no camines más. Existe un peligro más adelante». Por otro lado, la fobia es un enfoque intenso en algún objeto o situación específica que produce angustia extrema y síntomas mucho más fuertes. Por ejemplo, una persona puede tener un miedo profundo a las arañas y su terror se concentra específicamente en ese objeto.

Nuestro cerebro produce una substancia química llamada «neurotransmisores» que sirve para mantener el equilibrio entre un estado normal y el peligro. Cuando el cerebro detecta que existe un peligro para nuestro cuerpo, se lo avisa en cuestión de milisegundos, para que se prepare adecuadamente para enfrentar ese peligro. Por ejemplo, si de pronto estamos parados en el borde de la azotea de un edificio, cuando nuestro cerebro se da cuenta del peligro al que estamos expuestos, en ese instante le manda a decir al cuerpo que si no mantenemos cierta distancia, corremos el peligro de caer al vacío. Eso sirve para que nuestros pies empiecen a dar pasos hacia atrás hasta llegar a un lugar seguro. En este caso, los neurotransmisores ayudaron en esa positiva e importante toma de decisión instantánea. El problema es cuando existe un desequilibrio en esa importante substancia química, que produce una sensación de pánico cuando no hay peligro cercano. Esta descompensación química es la que viven muchas personas cuando sienten miedos y fobias como parte de su vida diaria.

«Fobias simples» es la categoría dada a la clase de miedo donde las personas les temen a objetos o situaciones específicas. Por ejemplo, en el caso de mi amiga Betty Santiesteban, a los alacranes. En estas fobias también se incluye la claustrofobia (temor a los lugares cerrados) y el temor a las alturas. Muchas de estas fobias simples son el resultado de situaciones que nos sucedieron de niños y que de alguna manera marcaron negativamente nuestra vida. Yo, hasta el día de hoy, tengo un ligero temor a los espacios cerrados. Por ejemplo, si estoy en un elevador lleno de gente, siento que se me corta la respiración y siento un poco de desesperación. Otra cosa que descubrí es mi aversión a volar en un asiento en medio de dos pasajeros que desconozco. Las veces que me ha tocado vivir esa experiencia, me ha llevado a una situación de desesperación ligera. Nunca he consultado con alguien para analizar por qué tengo esta condición. Lo más probable es que tenga que ver con algo que me haya sucedido de muy pequeño.

Otra fobia conocida es la agorafobia. Este es el temor de estar en espacios públicos. Por ejemplo, estar en un centro comercial, el teatro, el metro o lugares donde es difícil escapar. Muchas personas que sufren esta clase de fobia se convierten en ermitaños, que optan por quedarse encerrados en su casa antes que salir a lugares donde haya mucha gente. Los expertos dicen que esta fobia comienza a desarrollarse durante los años de la adolescencia y la juventud.

Más común que la agorafobia son las fobias sociales. Estos son aquellos miedos de hacer el ridículo o de sentir vergüenza en público. Por ejemplo, creo que todos hemos tenido en alguna ocasión uno de esos sueños donde aparecemos en la vía pública sin ropa pasando mucha vergüenza al cruzar las calles y haciendo el intento desesperado por llegar a nuestra casa para vestirnos. En el sueño, podemos sentir la angustia que produce esa sensación de pena. Muchísimas veces he soñado que aparezco en el escenario vestido sólo en paños menores. Me da pánico ese pensamiento. Siempre que lo sueño, en el sueño mismo, me pregunto: «¿por qué tengo que soñar esto?, ¿por qué me pasa esto?», mientras toda la gente en el público se ríe de mí. Gracias a Dios que en mi caso, solo me ha sucedido en los sueños.

Uno de mis familiares cercanos tiene una ligera expresión de esta fobia. No le gusta ir a bodas, a reuniones donde haya mucha gente ni estar mucho tiempo donde haya multitudes. Prefiere mil veces estar en su casa, con su familia, rodeado por aquellas personas que conoce y con quienes se siente seguro. Otro síntoma que se presenta en él es que sufre mucho al conocer a nuevas personas.

El pánico, por otro lado, es el resultado de un «sistema de alarma» que Dios le dio a nuestro cuerpo para ayudarnos a saber que viene un peligro y cómo debemos afrontarlo correctamente. Sin embargo, cuando el sistema de alarma no funciona correctamente, produce los efectos de pánico. Podemos sentir palpitaciones rápidas o violentas, mareo, náuseas, dolores en el pecho, dificultad para respirar, sofocación, escalofrío, sensación de estar soñando y miedo a morir, entre otras cosas. Muchas personas que sufren de ataques de pánico con frecuencia son más propensas a buscar un sosiego en el alcohol, las drogas u otro tipo de dependencia con tal de tapar el miedo que sienten. De igual manera, se ha determinado que en las personas que sufren ataques de pánico existe una mayor incidencia de suicidios. Esas personas necesitan ayuda. El pánico es una condición real con síntomas y consecuencias reales. Lo que hay que hacer es corregir ese «sistema de alarma» que está fuera de control. Lo que me sucedió en el aeropuerto de Bogotá, Colombia, fue un ataque de pánico porque mi «sistema de alarma» estaba funcionando mal. Una vez que arreglé el «sistema de alarma» pude regresar a la normalidad. Han sido varias las ocasiones en que me ha tocado arreglar mi «sistema de alarma». Pero ésas son buenas noticias: ¡Hay remedio! No se tiene que vivir con el temor, las fobias, los miedos y el pánico.

Hay tantas fobias, que sería imposible escribir la lista de todas ellas por falta de espacio. Sin embargo, fue interesante descubrir una gran cantidad de nombres y títulos de fobias que jamás había conocido. Pensé que a usted también le resultarían interesantes. Mi intención es sólo llamar la atención sobre el hecho de que existen muchísimas condicionas fóbicas y que a todas ellas podemos encontrarles solución. Si usted sufre de cualquiera de estas condiciones, sepa con certeza que hay remedio para su problema.

Para divertirnos un poco, les diré que muchos niños y adolescentes sufren de *ablutofobia*: el miedo a bañarse o lavarse. Algunos llegan a ser adultos sin superar este miedo y su fuerte olor es pregonero de ese hecho. Un miedo muy común es la *acluofobia*: miedo a la oscuridad. El escritor de la canción «Somos novios» no tenía esta fobia porque dice en la letra que siempre «procura el lugar más oscuro». Al miedo a las alturas le llaman *altofobia*, aunque esa palabra se oye más como que álguien le tiene miedo a los altos. A mi papá nunca le gustó el hecho de que en mis conciertos tocamos la música muy fuerte y de subido volumen. Esto se llama *acustifobia*: miedo a los sonidos y al ruido. El miedo a las víboras del que le hablé en el primer capítulo se llama *ofidiofobia*. Crecí en la ciudad de Durango, en el norte de México. Es una ciudad bastante árida y en la zona donde vivíamos había mucho polvo. En la época de vientos (febrero y marzo de cada año) se levantaban unas polvaredas impresionantes. Esas polvaredas son el caos para todos los durangueños que sufren *amatofobia*: miedo al polvo. La *anuptafobia* es el temor a quedarse solo. Conozco algunos que sufren de esa fobia y se buscan cualquier mujer con quien casarse con el fin de no quedarse solos. Un miedo muy común es la *astrafo-bia*: miedo a los destellos, truenos y relámpagos. Aunque no me controla (por lo que no podría ser para mí una fobia), hay noches en que despierto espantado con esos truenos tan fuertes que parecen ser la voz de Dios.

Conozco a algunas personas que luchan con la *ergofobia*: este es el miedo al trabajo. Hay otros que no le tienen nada de miedo al trabajo: no tienen ningún problema en quedarse dormidos en el puesto de trabajo, sin hacerlo. El colmo de los males es la *fobofobia*: el miedo a tener miedo. Hay algunos que sufren de *gameofobia*: el miedo al matrimonio. Esta es una fobia que ataca tanto a casados como a solteros. Algunos solteros no se quieren casar por gameofobia, y algunos casados quisieran estar solteros porque les ha ido tan mal en su matrimonio que desarrollaron gameofobia. Eso me lleva a las siguientes dos fobias: *ginefobia*: miedo a la mujer y *androfobia*: miedo al hombre. Conozco a muy pocos reporteros con esta fobia: *alodoxafobia*, miedo a emitir opiniones. La que sigue la incluí simplemente porque se escucha graciosa su pronunciación: *kakorrafiafobia*: el miedo al fracaso. Uno de los miedos más grandes en todo el mundo es el miedo a hablar en público. De hecho, a través de los años, sigue ganando el primer lugar como el más grande de los miedos. Le temen más a esto que a la muerte misma. Se llama *lalofobia*. Es decir, les daría más miedo despedir el duelo que ser el cadáver en el féretro. Vaya, ¡qué cosas tan extrañas!

> *El que teme a que sufrirá, ya sufre de su temor.*
>
> M. DE MONTAIGNE

Por fobias no paramos: Existen cientos, quizá miles. A continuación he incluido algunas más que son de carácter curioso y un tanto gracioso.

Tipos de fobia

Nefofobia: miedo a las nubes

Nudofobia: miedo a la desnudez

Ombrofobia: miedo a la lluvia

Ometafobia: miedo a los ojos

Papafobia: miedo a los papás

Patriofobia: miedo a la herencia

Antofobia: miedo a las flores

Ailurofobia: miedo a los gatos

Carofobia: miedo a la picazón

Clinofobia: miedo de ir a la cama

Dorafobia: miedo a la piel de los animales

Fotofobia: miedo a la luz

Peniafobia: miedo a la pobreza

Rabdofobia: miedo a la magia

Satanofobia: miedo a Satán

Tacofobia: miedo a la velocidad (no a los tacos mexicanos)

Aritmofobia: miedo a los números

Teofobia: miedo a Dios

Musicofobia: miedo a la música (nunca tuve éste)

Telefonofobia: miedo a los teléfonos (encontrado muy poco en las mujeres)

Vestifobia: miedo a vestirse

Zoofobia: miedo a los animales.

Pantofobia: miedo a todo

LOS FAMOSOS Y SUS TEMORES

Las fobias no discriminan a nadie, la historia nos muestra una gran cantidad de personas muy reconocidas y famosas que lucharon todas sus vidas con temores y fobias. Por ejemplo, César Augusto, el gran emperador romano, le tenía miedo a la oscuridad. Enrique III, el rey francés, tuvo miedo a los gatos. La Reina Isabel I de Inglaterra tuvo pánico a las rosas. El renombrado psiquiatra Sigmund Freud tuvo temor a viajar en tren. Estaba sufriendo de trastorno de pánico en el preciso momento de estar elaborando sus famosos escritos sobre la neurosis de ansiedad. Natalie Wood, la gran actriz norteamericana que se ganó el corazón del mundo entero en su época, le tenía un gran temor al agua. Desafortunadamente, su trágica muerte, ahogada, tendría que ver con aquello que más temía. El gran matador César

Rincón les tuvo pánico a los ratones. Es increíble cómo este hombre podía estar en la arena con un toro que pesa más de una tonelada y, sin embargo, no aguantaba estar en presencia de un roedor que pesaba menos de lo que pesaban sus botines. Así es cómo funcionan las fobias, sin discriminación y, muchas veces, sin explicación o razón. Lo único que sabemos es que en alguna medida u otra todos sufrimos de algún tipo de temor y necesitamos superarlo.

Supe la historia de la ganadora al premio Nobel de Literatura en el año 2004, Elfriede Jelinek, quien no pudo asistir a la ceremonia de entrega del galardón por su profunda fobia social. Al explicar por qué no podía asistir a esa reunión sólo dijo que: «Me habría generado más desesperación que alegría». Después de llegar a ser muy conocida, hasta se mudó de la casa donde vivía porque mucha gente se había dado cuenta de su dirección y eso la aterrorizaba.

La cantante Barbra Streisand, en el año 1967 ante un público numeroso en el Parque Central de Nueva York, olvidó la letra de una canción y le causó tal pánico y frustración que dejó el escenario público por muchos años. No sería hasta el año 1994, 27 años después, que Streissand se atrevería a ofrecer otro concierto.

Johnny Depp, el actor que ha protagonizado algunas de las películas más taquilleras de los últimos años (*Piratas del Caribe, Charlie y la fábrica de chocolates*), confiesa tener temor a las alturas. Increíblemente, en algunas de las escenas de *Piratas*, tuvo que estar suspendido a grandes alturas por largos ratos, dado que las tomas eran en lo alto de los barcos en los que estaban filmando. Sin embargo, Depp no permitió que su fobia se apoderase de él, sino que la tomó en sus manos y la venció.

Oprah Winfrey es una de las mujeres más reconocidas del mundo entero como empresaria, periodista, filántropa, actriz y escritora. Sus inicios fueron de suma pobreza en una familia dividida, perdida en una desorientación total. Oprah lleva muchos años hablando abiertamente acerca del abuso que vivió, lo difícil que fue su niñez y cómo después de ir a vivir con su papá, encontró en él lo que le hacía falta: disciplina, madurez y estabilidad. En los inicios de su carrera tuvo que superar los temores de ser una de las primeras mujeres afroamericanas en incursionar en los campos que escogió, y de ser ridiculizada por su sobrepeso. Winfrey habla acerca del temor y el riesgo que sentía antes de tomar decisiones, y cómo estas decisiones fueron las que la sacaron adelante en su carrera. Así logró muchos triunfos, hasta llegar a ser lo que es el día de hoy: una magnate reconocida en el mundo entero como una gran soñadora, emprendedora y empresaria. En sus propias palabras: «A lo que más le temes, no es lo que tiene poder sobre ti... es tu TEMOR el que tiene el poder sobre ti».

Es larga la lista de las personas que a través de la historia, antigua y moderna, han tenido que sobreponerse a sus temores y fobias. Abraham Lincoln vivía en un estado casi constante de depresión, debido a su grande lucha con el temor. El gran científico Isaac Newton le temía tanto a la crítica de sus colegas, que se tardaba demasiado tiempo en publicar sus descubrimientos. Descubrimientos que cambiarían el rumbo de muchas cosas en el campo de la ciencia.

Muchas personas se sobreponen a sus temores para salir adelante, otras, no. En cierta ocasión, mi esposa Miriam y yo nos encontrábamos en Nueva York participando de la última gran cruzada del renombrado evangelista, Billy Graham. El día que nos tocó regresar a casa, nos llevó al aeropuerto un joven que siempre había vivido en esa gran ciudad. Hablando con él, encontramos que era una persona muy interesante a través de sus comentarios respecto a distintas cosas relacionadas con la vida en la Gran Manzana. De pronto, Miriam le preguntó acerca de los acontecimientos ocurridos el 11 de septiembre del 2001. La pregunta era inocente y llena del espíritu de buena conversación que reinaba en ese automóvil. En segundos, nuestro chofer sufrió una transformación de 180 grados. Con voz muy firme, pero baja, nos dijo sin titubear, que ese era un tema que él no quería abordar. Continuó explicándonos que para él era muy difícil que personas como nosotros, que no vivíamos en la ciudad, nos atreviéramos a abordar un tema tan sensible, con tanta ligereza. Miriam y yo entendimos inmediatamente el mensaje y buscamos otra cosa de que hablar, después de ofrecerle una disculpa sincera. Al meditar respecto a esa ocasión, he llegado a la conclusión de que aquel joven chofer tenía mucho dolor y sufrimiento relacionado a los ataques terroristas del 9/11 que aún no había podido superar. Como muchos, el optó por simplemente no hablar sobre el tema.

El genial dramaturgo Tennessee Williams vivía con una timidez que lo paralizaba, sufría de insomnio y de claustrofobia. En lugar de darle la cara a sus temores y buscar ayuda, trató de curárselos con el alcohol y las pastillas. Esto sólo lo llevó a una desesperación más aguda. Fumaba varias cajetillas de cigarrillos cada día y por esta autodestrucción, su vida terminó en una trágica muerte.

¡Pero no será así con usted, querido lector! El final de su historia será uno de triunfo y victoria. Con la ayuda de Dios, nos enfrentaremos a cada uno de nuestros temores y saldremos adelante. De una vez por todas, usted les dirá «adiós» a sus temores.

¿Qué hacer?

El primer paso es reconocer que existe un problema. El segundo paso es buscar ayuda. La mayoría de nosotros no podemos enfrentar los problemas solos. Necesitamos la ayuda de alguien que pueda ver nuestra situación desde afuera, hacernos las preguntas correctas para ayudarnos a llegar a las conclusiones que nos llevarán a la victoria. Una de las mejores decisiones que tomé hace muchos años atrás fue buscarme un buen consejero que me pudiera ayudar en algunas áreas de mi vida en las que tenía confusión. El poder responder a sus preguntas, escuchar sus consejos y recibir sus oraciones ha sido fundamental en confrontar esas confusiones y vencerlas. La pregunta que se tiene que hacer es: ¿está lo suficientemente cansado de vivir con ese temor? Si usted sigue conviviendo con esa fobia, nunca se irá de su vida, porque sabe que es bienvenida. Tenga cuidado, porque cuando usted menos lo piense, ese temor lo traicionará y le dará la espalda en el momento de mayor necesidad. No permita que sea así. Pídale a Dios las fuerzas para buscar la ayuda que lo llevará a encontrar un nuevo estilo de vida.

Si usted se encuentra en una situación crónica, al vivir con el temor continuamente sin tener descanso alguno, será importante que busque ayuda profesional. Si no es un caso de tanta gravedad, debe buscar la ayuda de su pastor o líder espiritual o de algún consejero co-

nocedor del tema que le pueda recomendar buen material para leer,
darle buenos consejos y encargarle ejercicios y dinámicas de pensamiento que le ayudarán a recons-
truir su vida.

Pasé la mitad de mi vida preocupándome por cosas que jamás ocurrieron.

Winston Churchill

En su escrito *Todo está en su mente*, el doctor Daniel Kennedy compara nuestras expe-
riencias pasadas («esquemas»),
que afectan positiva o negativamente nuestras reacciones presentes,
con guiones de una película. Escribe el Dr. Kennedy: «Usted es el
actor, su vida es la película y su esquema es el guión. Cada vez que se
le presente una situación, automáticamente reaccionará de acuerdo a
su esquema. La buena noticia es que usted es el autor de su guión.
Puede reescribir sus esquemas y superar sus miedos. Realmente, no
es un proceso que pueda llevar a cabo usted solo. Pero, con la ayuda
de un terapeuta, experto en teorías como la Terapia Relacional Emotiva o la Terapia Narrativa, puede borrar los miedos de su mente».

La ayuda divina

La medicina y el campo científico son medios que ayudan a mucha
gente, a superar sus temores. Una de las formas más seguras y exitosas
de borrar sus miedos y decirles «adiós» a sus temores, se encuentra en
el título de este libro: «Díle a...Dios». Hay una fuerza incalculable a
nuestra disposición cuando entendemos y abrazamos el hecho de que
Dios es el que sostiene el universo y que nuestras vidas están en Sus

poderosas manos. Se experimenta una libertad inexplicable cuando sabemos que nuestro futuro está siendo escrito por Su dedo en Su mapa con Sus recursos. Cuando hacemos la paz con Él, todo lo demás tendrá un nuevo matiz. Podremos ver la vida desde una nueva perspectiva, a través de un filtro divino. Esto lo cambia todo. Cuando entendemos que nuestras experiencias negativas del pasado han quedado en sus manos, podemos vivir libres de los efectos negativos del pasado. Cuando entendemos que las traiciones y los abandonos que hemos sufrido han quedado en Sus manos, ya no nos gobierna el miedo, la angustia, la impotencia, la venganza o cualquiera de esas emociones adversas y negativas que nos paralizan. Cuando sabemos que nuestros errores han quedado en Sus manos, no tendremos que temer más, por que sabemos que Él ha perdonado cada uno de nuestros errores y nos ha dado Su mano para poder caminar con libertad y firmeza en esta vida. Los beneficios son infinitos cuando encontramos la brújula de nuestra vida en Dios Nuestro Señor, a través de una relación personal con Su Hijo Jesucristo.

Jesús les dijo a sus discípulos: «No temáis». Estas palabras las dijo porque ellos, al igual que nosotros, sobrevivían situaciones que a cualquiera le habría dado temor. Una de esas ocasiones fue la noche en que Jesús mismo venía caminando sobre el agua.

> *«Pero a la cuarta vigilia de la noche, Jesús fue a ellos*
> *andando sobre el mar. Los discípulos, viéndolo andar sobre el*
> *mar, se turbaron, diciendo:*
> *—¡Un fantasma!*
> *Y gritaron de miedo.*

Pero en seguida Jesús les habló, diciendo:
—¡Tened ánimo! Soy yo, no temáis».

MATEO 14:25-27

Los discípulos, que estaban remando en el barco, pensaron que era un fantasma. Al oír la voz de Jesús se dieron cuenta de que era su maestro y Señor, y estuvieron tranquilos. Póngase en el lugar de ellos. Cualquiera de nosotros habría sentido temor si hubiera visto a un hombre caminando por encima del agua. Es natural. Pero Jesús no es nada natural y por eso Su voz, hasta el día de hoy, sigue declarando a todos aquellos que se atrevan a creerle y seguirle: «No temas... yo estoy contigo».

El doctor Francisco Contreras me mandó un escrito maravilloso con el que me gustaría cerrar este capítulo. ¿Quién mejor que Dios para ayudarnos a salir adelante de nuestras fobias, temores y pánico? Él nos hizo, así que Él sabe mejor que nadie cómo funcionamos. Él nos conoce mucho mejor de lo que nosotros mismos nos conocemos.

No tenga miedo

POR DR. FRANCISCO CONTRERAS P.

«¿Podemos controlar el miedo? El miedo no sólo es un estado mental, es algo muy real y muy físico. La génesis del pánico es un evento químico que afecta los circuitos neurológicos del cerebro. Desde los años veinte, Walter Cannon, un psicólogo de Harvard, reportó que pequeñas descargas hormonales ocasionan que el sistema nervioso reaccione al peligro de una forma fisiológica, y así prepara al cuerpo para «pelear o hui», lo que conocemos como una reacción al estrés agudo. Ahora sabemos que el cerebro tarda solamente doce milisegundos en reaccionar al peligro, produciendo una suma de substancias químcas que preparan al cuerpo para tener una respuesta apropiada al peligro.

El problema viene cuando la persona se encuentra afectada por un miedo irracional crónico, que causa trastornos de pánico o trastornos de ansiedad social (Coplan, Gorman y Mathew, 2001). Estos trastornos son ocasionados por un desequilibrio de los neurotransmisores, un substancia química que produce el cerebro. Este descubrimiento ha llevado a investigadores a utilizar medicamentos que regulan la producción de estos neurotransmisores para combatir el miedo crónico. La complicación está en que estos medicamentos pueden mantenernos en un estado de calma e impasibles aun cuando nos enfrentemos al peligro, como al estar en una vía rápida con automóviles viajando a alta velocidad.

Si el miedo es el resultado de substancias químicas que produce el cerebro, el placer y el afecto lo son también. Estas reacciones químicas no sólo son necesarias, son saludables siempre y cuando estén equilibrdas. Las reacciones de miedo son inversamente proporcionales a las experiencias. En casos donde el cerebro continúa sobreproduciendo substancias químicas a pesar de la repetición de una experiencia aprendida, los medicamentos pueden ayudar, aunque realmente sólo están cubriendo el problema que hay detrás. El origen de este desequilibrio es que no existen emociones opuestas de raíz que rechacen los factores de miedo.

Las reacciones físicas (químicas) están determinadas por los recursos emocionales que a su vez responden al fortalecimiento espiritual. La razón por la cual Dios dijo tantas veces en su Palabra: «No temas», es porque solamente Él puede proveer el poderío espiritual para enfrentar todos los miedos con seguridad».

Para reír

Escuché la historia de una niña que despertó en la noche durante una tormenta. Los relámpagos bañaban de luz toda la casa y los truenos hacían que cimbraran hasta los cimientos. A la luz de los relámpagos, la niña corrió hasta la habitación de sus papás temblando de miedo y ocultándose debajo de las cobijas, entre los brazos fuertes de su papá. Le preguntó: «Papá, ¿qué es todo ese ruido? ¿Por qué se escucha tan fuerte?». El papá queriendo tranquilizarla pensó por un momento y le dijo: «Amor, esa es la voz de Dios que le está hablando a su creación». Después de un minuto de pensar en la respuesta de su papá, la niña le dijo: «¿No le podría decir alguien a Dios que se calle que estamos tratando de dormir aquí en la tierra?».

Para reír

Había una vez un señor que vivía en medio del campo y todas las noches le tocaban a la puerta, pero él no respondía. Finalmente un día, desesperado, respondió y dijo: «¿Quién es?».

Una voz tenebrosa le contestó:
«La mano sangrienta... la mano sangrieeeeentaaa...».
El señor le respondió: «¿Qué quiere usted?».
A lo que la voz del otro lado le dijo: «Una curita».

Preguntas para reflexionar

1. ¿Me identifico con alguna(s) de las fobias o temores mencionados en este capítulo? ¿A qué le temo?

2. ¿Qué circunstancias o factores en mi vida o a mi alrededor me están provocando fobia o temor?

3. ¿Podría decir qué es un temor lógico saludable o un temor nocivo?

4. ¿Existen experiencias durante mi niñez que me pudieron haber afectado?

5. ¿Está mi «sistema de alarma» funcionando correctamente? Si no, ¿qué cosas a mi alcance puedo hacer para que vuelva a su normalidad?

6. ¿Estoy reaccionando correctamente ante mis temores? ¿Les estoy dando la cara o me estoy autodestruyendo con otras cosas que me hacen más daño?

7. ¿De qué manera puedo comenzar a enfrentar mis miedos, fobias o temores?

8. ¿Necesito ayuda profesional?

9. ¿Qué persona podría ser un buen consejero y me podría ayudar?

10. ¿Necesito hacer la paz con Dios? ¿De qué forma lo puedo lograr?

Oración

Padre Santo, Dios Creador, reconozco que existen situaciones en mi vida que no puedo resolver con mis propias fuerzas, por eso lo entrego todo en tus manos. Te entrego todas las circunstancias adversas y negativas que me paralizan. Te pido que perdones mis errores y me ayudes a caminar con libertad y firmeza. Ayúdame a borrar mis miedos y a ser libre de mis temores y complejos. Tú eres mi fuerza y sé que contigo no tengo por qué temer.

CAPÍTULO TRES

El lado positivo del temor

El temor tiene su uso, más la cobardía no.
Quizá no ponga mis manos en la boca de una serpiente,
pero el mirar una no debe infundirme terror.
El problema es que muchas veces morimos antes de
que la muerte venga por nosotros.

Mahatma Gandhi

Un hombre adinerado buscaba emplear a un chofer. Colocó un aviso en el periódico local y en el día y la hora señalada, comenzaron a llegar las personas que aspiraban al puesto. Una tras otra entraban a entrevistarse con el caballero. Su entrevista era corta y consistía en una sola pregunta: «Si estamos en una carretera precipitosa ¿qué tan cerca del precipicio podría usted conducir sin sentir temor o preocupación?». Cada entrevistado tenía una respuesta diferente y dramática. Uno le dijo: «Oh, yo creo que podría conducir tranquilo a dos metros del precipicio y no sentir nervios». Otro contestó: «En mi caso, creo poder conducir con tranquilidad a un metro del precipicio sin estar nervioso o intranquilo». Con cada uno que entrevistaba, parecía que se acercaban más y más al precipicio. Uno dijo que podía estar a escasas pulgadas y no estar preocupado. Después de escuchar a muchos explicarle cómo podían hacer peripecias con un automóvil al lado de un precipicio, apareció un señor un poco mayor de edad. Cuando el entrevistador le hizo la misma pregunta que le había hecho a todos los demás ese día, su respuesta lo tomó por sorpresa y le agradó profundamente. La respuesta fue la siguiente: «Sinceramente, señor, si me encuentro en una carretera precipitosa, trato todo lo posible de mantenerme lo más lejos del precipicio. No me atrevo a ver qué cerca puedo estar, porque no quisiera poner ni mi vida ni la suya en peligro al intentar conducir cerca de un lugar tan peligroso». El caballero obtuvo el trabajo de chofer al instante.

El temor tiene un lado positivo: nos mantiene lejos de los precipicios de la vida y seguros de cualquier daño que pueda resultar de conducir demasiado cerca de la orilla. En la vida, no se trata de ver cuán cerca del desastre nos podemos mantener, sino hacer todo nuestro esfuerzo por estar lo más lejos de él posible. El temor saludable es el que nos ayuda a tomar decisiones sabias y el que nos aleja de los precipicios de la vida.

Tendría yo 4 años cuando me leyeron la historia de Mary Poppins, la nodriza que tenía un paraguas muy especial que la ayudaba a viajar. En la historia, Mary Poppins podía abrir su paraguas y viajar con facilidad a cualquier parte del mundo. Recuerdo que los dibujos en el libro me habían fascinado. Había uno en especial que mostraba a Mary con el paraguas abierto, flotando en el aire con su maletín de viaje en la mano. En el fondo se veían las casas y los edificios de la ciudad y en el rostro de la señorita Poppins, una sublime sonrisa que trasmitía mucha paz y alegría. Me imagino que si uno pudiera viajar de esa manera para todos lados, nos provocaría una de esas sonrisa también. Me fascinaba esa tal Mary Poppins.

Un día de primavera, se me ocurrió que quizá yo podría ser como Mary Poppins también. Mi mamá tenía un paraguas similar a la de la señorita Poppins y me dispuse a buscarlo entre sus cosas. En aquella fecha, mis hermanos y yo vivíamos solos con mi mamá, pues ella había enviudado un par de años antes. Poco después, celebraríamos la llegada de nuestro padrastro (a quien llamamos «papá»), pero cuando ocurrió esta historia, aún él no había llegado, y mis hermanos y yo vivíamos—¿cómo puedo decirlo?— un poco más «libremente» de lo normal.

Anuncié a todos mis hermanos y a mis primos que ese día presenciarían un gran acontecimiento: ¡yo iba a volar con el paraguas de mi mamá! Casi de inmediato tuve presente un público para aplaudir mi gran logro. Me dispuse a subir a la azotea de la casa y encontrar un buen punto de lanzamiento. Recuerdo que escogí un lugar donde al fondo se encontraba un pedazo de pasto verde que podría acojinar mi caída en caso de ser necesario. Con gran alarde y algarabía anuncié a todos los presentes que estaban en el umbral de presenciar algo histórico. Los invité a que se prepararan para ver al gran «Marcos Witt» de solo 4 años lanzarse de la primera planta de su casa, con el paraguas mágico de su mamá.

Lo que sigue es un poco borroso en mi memoria. Obviamente, recuerdo la caída y el dolor que sentí en mi pierna derecha. También recuerdo las carcajadas del «público» y el ruido que hacía mi orgullo herido. Pero, de ahí en adelante, no recuerdo gran cosa, más que gatear por todo el pasto esperando a que se me pasara el dolor que sentía en la pierna. Gracias a Dios, que no me pasó nada serio. Pero tuvo el potencial de ser algo mucho más desastroso de lo que fue. De lo que más me di cuenta fue de que la señorita Poppins y mi mamá compraban sus paraguas en lugares muy distintos. Obviamente, el que compró Mary Poppins era superior al que había comprado mi madre.

> Nota insignificante, pero interesante: Escondí el paraguas en
> la parte detrás del asiento principal de la *pick up* que conducía
> mi mamá. Ahí se mantuvo por muchos meses sin que se
> diera cuenta ella. Cuando se propuso vender la camioneta,
> limpiándola muy bien por dentro y por fuera, fue que
> descubrió el famoso paraguas con una forma muy distinta
> a la que debía tener: Todas las varillas apuntaban hacia arriba,
> en lugar de hacia abajo.

Lo que me faltaba a esa edad era un poco más de temor «saludable», para saber que me había metido en un gran problema. El temor saludable nos ayuda a establecer parámetros en varias áreas: 1) Parámetros de salud, 2) Parámetros de seguridad y 3) Parámetros de alegría.

PARÁMETROS DE SALUD

El temor saludable es el que nos marca parámetros que nos pueden servir para vivir vidas mejores. No es el tipo de temor paralizante, ni asfixiante que cierta gente experimenta, sino un temor correcto y normal que nos insta a tomar buenas decisiones y a evitar malos hábitos. Por ejemplo, el hecho de saber a ciencia cierta que el fumar tabaco causa cáncer ha provocado que a las compañías tabacaleras se les haya exigido poner una leyenda de precaución en cada una de sus cajetillas de productos de tabaco. De esa manera, los consumidores de esos productos quedan avisados y no pueden tener la excusa de que nunca se les dijo. Después, nos venimos a enterar de que el humo de «segunda mano», es decir aquel que respiramos todos los que estamos cerca de una persona que fuma, tiene un efecto igual de negativo que el cigarrillo mismo. Esto ha dado como resultado de en que en muchos lugares públicos se designen áreas de fumar y de no fumar. Son buenos parámetros de salud.

Cada persona tiene que tomar decisiones con respecto a su salud y el temor saludable las auxilia en este proceso. Por ejemplo, siendo una persona que canta profesionalmente, tengo que tomar medidas es-

pecíficas para proteger, a toda costa, mi garganta. Por ejemplo: (1)
Nunca tomar algo muy frío terminando un concierto, mientras la voz
esté muy caliente. (2) Nunca empezar un concierto o presentación pública sin antes hacer ejercicios de calentamiento de la voz.
(3) Hacer todo lo posible por dormir de 6 a 8 horas cada noche y,
(4) Evitar a toda costa la cercanía a humo de cigarrillo, ya que me afecta
demasiado. Estará usted pensando: «¿Qué quisquillosa es esta persona?», pero el temor saludable me hace tomar todas las medidas posibles para prevenir la perdida de mi voz. No hay nada peor que abrir la
boca para cantar y que no le salga ningún sonido. Sólo en dos o tres
ocasiones me ha sucedido y la sensación es verdaderamente horrible.
Ese momento de pánico, que recuerdo vívidamente, es el que me im-
pulsa a tener un temor saludable y de esa manera no romper los parámetros de salud requeridos para tener la voz en óptimas condiciones.

El temor saludable, en cuanto a nuestra salud, nos puede ayudar
a vivir una vida más larga y satisfactoria. Si tenemos problemas con
las arterias coronarias, por ejemplo, sería bueno tenerle un poco de
temor saludable a las papas fritas, las hamburguesas, los tacos mexicanos y cualquier otra comida que pueda causar daño a nuestro cuerpo.
Deberíamos tenerle también un miedo respetable al sofá y al control
remoto del televisor y salir a caminar o a hacer algún deporte, for-
zando así que el oxígeno corra por nuestras venas. Imagínese un letrero en la sala del televisor en su casa, con una calavera negra en la
parte superior del letrero acompañado de unas letras en mayúsculas
de color rojo que dijeran: «DIGA «NO» AL CONTROL RE-
MOTO». Quizá eso ayudaría a establecer parámetros de salud para
nuestro cuerpo. Si tenemos un problema en esa área de nuestra vida,

deberíamos hacer cualquier cosa para promover nuestra buena salud. Ese es uno de los lados positivos del temor.

Todos conocemos a personas que vivieron sus vidas enteras ignorando las señales de atención que les hizo su cuerpo y hoy han quedado como una linda memoria de un amigo que ya no está. Uno de mis amigos de hace muchos años abusó tanto de la droga durante toda su vida que cuando tenía 32 años murió, dejando a una joven viuda con dos hijos hermosos. Simplemente su corazón no pudo más. Había abusado de tal manera de su cuerpo que un buen día su corazón dejó de funcionar. ¡Una verdadera lástima! Sin embargo, tuvo muchísimas oportunidades de acatar las señales que su cuerpo le estaba mandando. Los doctores se lo habían recomendado, su esposa y sus familiares trataron de ayudarlo a entender. Ni aún sus hijos lograron que él cambiara su estilo de vida. En lugar de tener un temor saludable, tiró la precaución al viento y hoy solo existe su memoria.

PARÁMETROS DE SEGURIDAD

Otro aspecto de un temor saludable tiene que ver con la seguridad. Cuando conducimos por las calles de una ciudad, podemos ver las señales de tránsito colocadas con el fin de mantener el flujo de tráfico y de minimizar en todo lo posible los accidentes. Cuando vemos una señal de color rojo que dice «Alto» o «Pare», quiere decir que debemos detenernos. Las personas que no le tengan un temor saludable a este tipo de señales, solo estarán buscándose problemas. ¿Cuántas veces hemos visto a individuos que piensan que están por encima de las señales de tránsito y terminan con sus vidas y las vidas de otros, simplemente porque no tenían un temor respetuoso de las mismas? Desafortunadamente, esto es muy común en las personas jóvenes. Recientes estudios han demostrado que la parte de nuestro cerebro que desarrolla un temor saludable al riesgo no está del todo desarrollada hasta los 25 años de edad.

El Dr. Jay Geidd, del prestigioso Instituto Nacional de Salud Mental en Bethesda, Maryland, Estados Unidos, tiene más de 13 años dedicados al estudio exclusivo del cerebro infantil, adolescente y juvenil. Los resultados iniciales de su investigación están arrojando evidencias extraordinarias que nos ayudan a entender por qué nuestros jóvenes y adolescentes hacen ciertas cosas o toman ciertas decisiones. Se ha dado cuenta que la última parte del cerebro que se desarrolla es la parte del análisis crítico, la cual nos auxilia en la toma de buenas decisiones y a medir el riesgo de nuestras acciones. Este estudio ha sido el inicio de un mundo de descubrimientos que nos ayuda a saber por qué un porcentaje desproporcional de jóvenes se involucra en accidentes automovilísticos cada año y el porqué tantos jóvenes están sucumbiendo a la ingesta desacelerada y desmedida del alcohol y la droga. Simplemente, aún no han desarrollado la capacidad de medir el temor saludable. Su cerebro no ha desarrollado esa función en su totalidad.

La vida misma nos ayuda diariamente a establecer los parámetros de seguridad que necesitamos para vivir. De niños, nuestra mamá nos decía: «No toques la estufa... está caliente». ¿Cuántas veces hemos visto a un pequeño, aún inmediatamente después de que su mamá se lo haya dicho, ir directo a la estufa y poner el dedo en el fuego? Casi pareciera que si no se lo hubiera dicho, el niño ni siquiera se habría dado cuenta de que existía la estufa. ¿Por qué seremos así los seres humanos? Parece que nos gusta meter el dedo en el fuego para lo comprobarlo por nuestra propia cuenta en lugar de establecer los parámetros de seguridad. Lo bueno es que la mayoría de nosotros sí permitimos que se establezcan nuevos parámetros. Por ejemplo, después de mi viaje aéreo con el paraguas de mi mamá, no he vuelto a intentar volar con un paraguas. Con una vez tuve suficiente para darme cuenta de que tenía que tenerle un temor saludable a esa actividad.

Años después, me convertiría en piloto y comandaría mi propia avioneta por miles de horas de vuelo. Sin embargo, mis instructores me habían inculcado un temor saludable tan profundo que cada vez que iba a subir a la avioneta, hacía una inspección rigurosa y detallada de la nave para asegurarme que todo estaba en orden. Hay un dicho entre pilotos que reza: «Es preferible estar en tierra queriendo estar en el aire, que en el aire queriendo estar en tierra». Me tocó en varias ocasiones tener que suspender un vuelo por las circunstancias que lo rodeaban. Si el tiempo estaba malo, si había una falla mecánica, un problema con la máquina, cualquier cosa que podría poner en juego la vida de las personas que iban a bordo, era suficiente para cancelar el viaje y buscar otra alternativa de transporte para cumplir con el compromiso. Eso es temor saludable. Parámetros de seguridad. Todos los necesitamos.

Parámetros de alegría

En la vida, Dios nos ha dado el gozo de estar rodeados de personas que nos aman y que nos apoyan. Gente que cree en nosotros. Hacia esas personas, usted y yo debemos tener un respeto y temor saludables para que la confianza no tan solo continúe, sino que crezca. Muchas personas, que no midieron las consecuencias de sus acciones, tomaron decisiones irracionales, en cuanto a sus relaciones se refiere, causando horribles daños a sus familias, hijos, amigos, parientes, colaboradores y demás. En la vida, debe existir un temor saludable que ayude a establecer los parámetros correctos que dirijan nuestras relaciones.

Con gran tristeza, todo el mundo fue testigo de la falta de temor saludable que demostró el entonces presidente de Estados Unidos, Bill Clinton, al exponerse él, su familia y toda una nación a una vergüenza desmedida, por el simple hecho de no haber establecido ciertos parámetros personales en su vida sexual. Es una verdadera lástima que este gran estadista y político sea recordado más por el nombre de una chica que por todos los grandes logros acontecidos bajo su administración. Todo, por no tener un temor saludable, por ignorar los parámetros de una buena relación y los parámetros de los valores morales.

Sería muy fácil señalar con el dedo a todas las personas que han cometido errores de esa índole y sentirnos de alguna manera justificados en juzgar fuertemente su insolencia. Pero, ¿y nosotros, qué?

¿Hemos establecido las fronteras firmemente en nuestra propia vida? ¿Nos creemos infalibles? ¿Pensamos que somos exentos de cualquiera de estas situaciones? El que lo crea, está más cerca de la caída de lo que se puede imaginar. «Así que el que piensa estar firme, mire que no caiga» (1 Corintios 10:12). Para tener relaciones duraderas, tenemos que establecer buenas fronteras.

En las amistades: ¿Usted es un buen amigo? ¿Ayuda a sus amistades en los momentos de necesidad? ¿Se ha mostrado fiel aun cuando las condiciones no han sido ni adecuadas ni propicias? ¿Usted le ha dado el beneficio de la duda a su amigo cuando ha venido a contarle un chisme acerca de él o de ella? ¿Ha aplicado la regla de oro «haz con otros lo que quisieras que otros hicieran contigo»? ¿En sus peores momentos, será usted una de las primeras personas a quien llamará su amigo?

En la familia: ¿Usted es un buen papá? ¿Es una buena mamá? ¿Es un buen hijo? ¿Reina un ambiente, en general, de cordialidad y concordia en su casa? ¿Se respira un ambiente de apoyo, bendición y afirmación? ¿Escucha usted a sus hijos con la misma intensidad con la que escucha a sus mejores amigos? ¿Sus hijos tienen libertad de opinar y hablar en voz alta en la casa, aun cuando sea para estar en desacuerdo con algo que usted piensa? ¿Reina un ambiente de respeto por las ideas de otros, aun cuando éstas puedan ser muy distintas a las que han caracterizado su vida personal?

En su trabajo: ¿Está usted correspondiéndole a su empresa por el trabajo que le paga? ¿Hace lo más posible? ¿Ha medido su nivel de entusiasmo? ¿Cumple con su jornada de trabajo al pie de la letra?

¿Está ofreciendo lo mejor de su creatividad? ¿Es honesto e íntegro en todas sus cuentas? Si usted es jefe, ¿sus empleados lo quieren o es usted exasperante? ¿Se da a respetar? ¿Los escucha con la misma intensidad con la que usted escucha a los «expertos» de su industria? ¿Les pregunta de vez en cuando qué cosas puede hacer usted para mejorar como jefe? ¿Celebra las victorias de sus colaboradores y les regala el crédito que se merecen? ¿Siempre está buscando oportunidades para que sobresalgan sus colaboradores?

Otro parámetro de alegría es el de vivir dentro de la legalidad determinada por los gobiernos de nuestros países. Dice la Biblia que «la ley es para el que está sin ley» (1 Timoteo 1:9). Si cada uno de nosotros vive con un temor saludable a la ley, nunca nos veremos en la penosa necesidad de tener que acudir a una corte de justicia o conocer una celda. Si poseemos un temor saludable, acataremos las reglas que marca la ley en cuanto a lo fiscal, empresarial, personal, relacional, gubernamental y todos los demás aspectos de la vida. No es difícil. Es cuestión de principios. Solo tenemos que establecer los principios apropiados en nuestra vida personal y vivir de acuerdo a lo que nos marcan nuestros principios. Es la mejor manera de evitarnos problemas en ese área. Así de sencillo. Hace mucho descubrí que los principios que enseña Jesucristo Nuestro Señor son más que visibles, son indispensables para gozar de una vida plena, llena de alegría y paz.

A esta sección la nombré «parámetros de alegría» porque teniendo un temor saludable en el área relacional de nuestra vida, viviremos con muchísima más alegría. Cuando rompemos estos parámetros, estamos rompiendo algunos de los más importantes de nuestra vida. Pongamos mucho cuidado al establecer fuertes lazos relacionales, sabiendo que cuando destruimos una relación, por no tener un temor saludable, no sólo estamos afectando a muchísima gente, sino que nos estamos afectando a nosotros mismos más que a nadie.

Un gran ejemplo de un mal ejemplo

Sansón nació con un encargo especial de parte de Dios. Había sido señalado para ser juez en su tierra y ayudar a su pueblo a librarse de la mano opresora de su archienemigo: el pueblo filisteo. La fuerza desmedida y famosa de Sansón radicaba en el compromiso que él mantenía con Dios. Mientras él cumpliera su parte del compromiso, Dios cumpliría la suya. Sin embargo, a temprana edad, empezamos a ver ciertos rasgos en Sansón que nos hacen dudar de su seriedad con ese compromiso. Se enredó en una cantidad de actividades que minimizaron la importancia de su llamado: utilizó su gran don, dado por Dios, para efectos personales; no supo tomar control de sus pasiones, se burló de todos los demás y en fin llegó a parecerse a uno de esos muchachitos locamente mimados por sus papás adinerados, que nunca les ha faltado nada en la vida y que todo se los ha resuelto «papi». Al poco tiempo de leer su historia, nos enteramos de que es un hombre bastante deficiente en su carácter y desmedidamente entregado a sus pasiones. Sansón tenía la misma debilidad que muchos hombres: las mujeres.

No le bastaron sus garrafales errores con las damas para ayudarlo a tener un temor saludable en sus relaciones con miembros del sexo opuesto, o de establecer parámetros de alegría en su vida personal, sino todo lo contrario. Vivió un estilo de vida tan desbocado, que cada día se desmedía aún más sin saber que cada vez que se permitía ciertas actividades, estaba más cerca de su deriva total. Un gran ejemplo de un mal ejemplo. Se burló de su pacto con Dios, se burló de su pueblo, del don precioso que Dios le había dado, de la naturaleza, de sus amigos, de su esposa y de su posición de juez del pueblo. Sansón no se detuvo a medir las consecuencias.

Un día se topó con una mujer más sagaz que él: la famosísima Dalila. Sola, lo traería rendido a sus pies. Con sus lisonjas, engaños y fraude, Dalila logró persuadir a Sansón de que le confesara cuál era el lugar donde se hallaba el secreto de su fuerza. El mismo radicaba en un voto que hizo a Dios que incluía no cortarse el pelo. Dalila, una vez que obtuvo esa información, tomó unas tijeras y le cortó la cabellera dejándolo totalmente débil y vulnerable al ataque de sus enemigos. Después de haber perdido su fuerza, vinieron los filisteos contra Sansón y lo derrotaron en lo que fue su última batalla. Dalila fue la culpable de que por el resto de los días, la historia de Sansón sería contada con mucha tristeza. Tristeza, porque es la historia de un potencial desperdiciado, un momento perdido, una gloria pisoteada.

Leí en cierta ocasión que aquello que no dominamos, algún día nos dominará. Este fue el caso de Sansón. Confió en la persona equivocada y por eso es recordado por la humanidad como el hombre fuerte que fue vencido por una débil mujer. Sansón reaccionó y salvó un poco de su dignidad al dejar en ruinas el gran templo de los filisteos y matar en un día a más de sus enemigos que en toda su carrera. Pero es muy poca gloria para lo triste que es el resto de su historia. Además, es interesante notar que quedó enterrado entre los mismos escombros que él causó, rodeado de los que tanto lo odiaron. Todo por no haber establecido los parámetros adecuados en su vida personal.

¿Cuál será nuestra historia? Haga una pausa al finalizar este capítulo y revise la lista de las personas más importantes en su vida y asegúrese de que todo está en orden. Es importante nunca dar por sentado que todo está bien, simplemente porque las personas que amamos no se han movido de su lugar, de nuestro lado. Recuerde que cuando alguien finalmente se mueve de su lugar, típicamente es porque es demasiado tarde para arreglar algo. Lo que haya que arreglar, hay que hacerlo mientras aún tenemos a esa persona cerca de nosotros. Si hemos estado excediendo nuestros límites personales, sería un buen momento para revisarnos y asegurarnos de que regresamos a un temor saludable, estableciendo los parámetros de salud, seguridad y alegría adecuados, y asegurándonos de gozar exitosamente de nuestras relaciones con la familia y las amistades. No terminemos como Sansón, enterrados en los escombros de nuestro propio hacer. Aprendamos a medirnos, a saber contener nuestras pasiones y a tener un temor respetable en todas las áreas de nuestra vida.

Para reír

Dos ladrones entran a la casa de un millonario. Justo en la puerta encuentran un letrero que dice: «Cuidado con el perro.» Uno de los ladrones, el miedoso, le dice al otro:

—Oye, ¿has visto el letrero?

El otro le responde:

—No hagas caso de lo que dice, la mayoría lo pone para espantar a los ladrones como nosotros, así que muévete y entra por atrás.

El ladrón, muy obediente, se va por la parte de atrás y encuentra una antena parabólica y regresa a la entrada todo asustado y tembloroso. El otro ladrón lo ve y le pregunta:

—Qué pasa, has visto al perro?

A lo que le responde:

—No he visto al perro, pero sí el plato donde come.

Preguntas para reflexionar

1. ¿Cuán lejos del desastre, usualmente, me gusta estar?

2. ¿Tengo un temor saludable equilibrado?

3. ¿Qué parámetros de salud, seguridad y alegría no estoy siguiendo en mi vida?

4. ¿Qué estoy haciendo para promover un temor saludable y mantener la salud de mi cuerpo?

5. ¿Me adhiero a los señalamientos que me garantizaran seguridad?

6. ¿Estoy mostrando respeto y temor saludable a las personas que me aman, que me apoyan y que creen en mí?

7. ¿Estoy estableciendo los límites adecuados para mantener relaciones duraderas?

8. ¿Estoy demostrando un temor saludable hacia las leyes?

Oración

Padre, hazme libre de toda atadura y de todo vicio que me esté causando daño, protégeme de todo mal que pueda venir. Ayúdame a mantener un temor saludable hacia todas aquellas cosas que me perjudican, a tomar buenas decisiones, a evitar malos hábitos, a medir el riesgo de mis acciones, a suprimir mis impulsos y a mostrar respeto y temor saludable hacia las personas que me aman, que me apoyan y que creen en mí. Deseo habitar bajo tu abrigo y estar apartado para ti. Gracias, porque sé que si moro bajo tu sombra, haz prometido librarme de todo peligro, de toda enfermedad y brindarme seguridad.

CAPÍTULO CUATRO

¡Hágalo !... aunque tenga miedo

Echemos el miedo a la espalda y salvemos la patria.
SIMÓN BOLÍVAR

Ha habido muy pocos momentos en mi vida donde el mismo momento casi me tumba. Siempre he sido una persona que supero el momento que estoy viviendo. Soy alguien que le doy la cara a los desafíos y que, valientemente, me enfrento a mis compromisos. Confieso que ha habido muchas ocasiones en las que me he cuestionado el porqué de haber aceptado cierto compromiso, pero una vez dentro de la encomienda, la llevo adelante valientemente. Es una parte vital de mi naturaleza. Sin embargo, puedo mencionar un par de ocasiones donde el momento fue tan grande y cargado de compromiso que me sentí verdaderamente intimidado. Sin duda alguna, el que más recuerdo es cuando fui invitado por el Presidente George W. Bush a la Casa Blanca para participar en un evento importante para los hispanos que viven en Estados Unidos. Concretamente, me habían invitado para hacer dos cosas: abrir la sesión con una oración y posteriormente, cantar una canción. Cuando me llegó la invitación, me sentí honrado de tener tan alta distinción y, gustoso, la acepté.

Miriam y yo habíamos sido invitados anteriormente a la Casa Blanca cuando el Presidente reunió a varios líderes hispanos prominentes de los Estados Unidos para anunciar una nueva política que beneficiaría al pueblo latino. Fue una ocasión histórica para nosotros, debido a que muy poca gente tiene el privilegio de pasearse por los pasillos históricos de esa poderosa mansión. En esa primera ocasión, durante la recepción que ofrecieron después del discurso del Presidente, Miriam y yo disfrutamos de los bocadillos que nos sirvieron en platos hechos especialmente para la Casa Blanca, tomamos refresco en vasos muy finos y nos sentimos muy privilegiados por haber sido unas de las 150 personas invitadas ese día. Sin embargo, no habíamos sido invitados en esa ocasión como parte del programa, sino sólo para participar con nuestra presencia. Saludamos a algunas personas conocidas, conocimos a otras más y nos tomamos fotos en algunos de los bellos salones que distinguen esa hermosa residencia. Nunca me imaginé que menos de uno año después, me invitarían de nuevo. Sólo que en esa ocasión sería para participar como figura central en el programa que se iba a desarrollar. Ese fue el momento que casi me tumbaría y del que les quiero hablar en esta ocasión.

La reunión tuvo lugar en el Salón Este de la Casa Blanca, el mismo lugar donde han sucedido cuantiosos eventos históricos. En ese lugar velaron al Presidente John F. Kennedy después de ser asesinado y se sostuvo la emotiva reunión de despedida del único presidente en la historia norteamericana que haya renunciado al puesto, Richard M. Nixon. El Salón Este ha sido el recinto de muchas conferencias de prensa y comunicaciones importantes, incluyendo las famosas conferencias de prensa que sostuvieron el Presidente Bush y el Primer Ministro de Inglaterra, Tony Blair, después de los acontecimientos del 11 de septiembre del 2001.

En esa ocasión, habían invitado a muchos senadores, embajadores de diferentes países latinoamericanos, deportistas y periodistas muy reconocidos. Entre el público también se encontraban dueños de empresas y personas de mucha influencia de alrededor del mundo entero. Obviamente, en la primera fila se encontraba el Presidente Bush con la Primera Dama, Laura Bush. Myrka Dellanos, locutora de la cadena Univisión, había sido invitada para ser la conductora del evento. Cuando me presentó para tomar el podium, entre los aplausos del público, me subí al pequeño estrado y miré a todos los reunidos. Hasta ahí, todo marchaba bien, tenía en mis manos la hoja de papel que contenía la oración que había escrito y sometido a revisión hacía más de dos semanas antes del día del evento. Invité a todo el mundo a acompañarme en la oración y procedí. Nunca he tenido problemas para orar y de cierta manera, el dirigirme al Señor en presencia de todos esos dignatarios me fue terapéutico, porque me ayudó a recordar que el único más grande que todos ellos era al que me estaba dirigiendo en ese momento, a través de la oración. Cuando terminé, me reubicaron a otra parte de la tarima, donde iba a cantar. Ese nuevo lugar era de frente al señor presidente a no menos de un metro y medio de donde yo estaba parado. Había seleccionado para esa ocasión tan histórica de mi vida profesional el Salmo 121, que ha sido de gran bendición para infinidad de personas, incluyéndome a mí. Pensé que lo mejor que podía cantar en ese sitio tan importante ante personas tan especiales no era alguna canción mía, sino la misma palabra de Dios, ya que es la única palabra que tiene eternidad.

Pronto comenzó a tocar la pista de la canción, la cual tenía una introducción un poco larga. Mientras se escuchaba la música, dije las palabras introductorias a la canción que con mucho cuidado había ensayado días antes para asegurarme de no decir algo equivocado o inoportuno. Pero después de mis palabras, continuaba la introducción y aún no llegaba el momento para cantar. ¡Fue en ese preciso momento que me sucedió! Miré a mi alrededor, y vi a toda esa gente importante, incluyendo al Presidente y la Primera Dama mirándome con fija atención en aquel salón histórico e imponente ¡y de pronto sentí que el momento era mucho más grande que yo! Luché por mantener la calma en ese estrado, asegurándome de que no se me borrara la sonrisa en los labios. Tengo que confesar que por espacio de medio minuto, pensé que no iba a salir adelante ante tal desafío. Se me estaba imponiendo ese momento, ese lugar, esa gente. Nunca había tenido tal sensación de absoluto pánico repentino. Duró muy poco tiempo, cuestión de segundos diría yo, pero me pareció como una eternidad. El corazón me latía rápidamente, la boca se me empezó a secar y la respiración comenzó a acelerárseme a toda prisa. Sabía que ése no era el momento para titubear, así que rápidamente tomé inventario de la situación y me incorporé. Pensé: «Me han invitado a este lugar porque puedo estar en este lugar. Han creído en mí lo suficientemente como para pasarme a esta plataforma así que, ¡no los defraudaré, porque yo puedo con este desafío!». En cierta manera, tomé el momento por el cuello y le dije: «¡No me vas a vencer! Este momento lo disfrutaré, saldré adelante y mis nietos y bisnietos sabrán que canté en la Casa Blanca y que lo hice con honra, dignidad y con sumo profesionalismo».

El final de la historia es bueno. Superé el momento de angustia en cuestión de segundos. Me lancé a ver a cada persona en ese salón a los ojos y les canté la bendición que escribió el Salmista en el capítulo 121 y pronuncié esa bendición sobre las vidas de todos los presentes, del país, de La Casa Blanca y de los presidentes. Lo hice con autoridad y con profesionalismo. No me falló una sola nota y al final de la canción, mientras sostenía la última nota (una muy alta y climatizante) el público comenzó a aplaudir antes de que yo terminara la canción.

Ese fue un ejemplo de los momentos en que, como en muchas

ocasiones, tenemos que hacer las cosas a pesar del miedo. Si yo hubiese permitido que el miedo me venciera y que ese momento imponente me ganara, quizá habría bajado del estrado con la experiencia de haber «estado» en la Casa Blanca, pero no de haber cumplido con excelencia lo que había sido invitado a hacer. En lugar de aplausos, posiblemente, el público habría respirado profundamente en agradecimiento de que su martirio, y el mío, habían terminado. En lo personal, fue uno de esos momentos en que me esforcé en cumplir el cometido, a pesar de tener miedo.

LA ACCIÓN DISIPA EL TEMOR

La inacción produce duda y temor. La acción produce confianza y valentía. Si deseas conquistar el temor, no permanezcas sentado en tu casa pensándolo. Sal de ahí y ponte en acción.

DALE CARNEGIE

Hay un elemento poderoso en la acción. La mayoría de las veces cuando le tenemos miedo a algo, resulta que a la hora misma de hacerlo, es menos temeroso de lo que nos habíamos imaginado. De la misma manera, una de las cosas que más temor produce es la inacción. Ese estado de indecisión, donde no sabemos si podemos hacer algo, si debemos hacerlo o no, es una parálisis mental y psicológica que nos impedirá lograr muchas de las cosas que queremos hacer en la vida. Las personas que viven cuestionándolo todo, analizando cada ángulo, jugando ese jueguito psicológico de «y qué si pasa esto... o qué si pasa lo otro...» son el tipo de personas que nunca disfrutan de la vida. No tienen tiempo de accionar, porque todo su tiempo lo utilizan en dudar, temer y cuestionar. Tenemos que lograr entender que la mayoría de las cosas en la vida se consigue no por casualidad o suerte, sino porque nos proponemos hacerlo. Esa es la clave: caminar hacia una meta. Sólo podremos alcanzarla paso a paso. Y cuando menos lo pensemos, habremos llegado.

Los apóstoles de Jesús cruzaban el Mar de Galilea una noche después de un largo día de trabajo. Pedro se encontraba en el mismo barco con todos los discípulos. Pedro era un hombre de acción, le gustaba estar donde las cosas estaban sucediendo. Cuando pensamos en él tenemos el cuadro de un hombre inteligente, brillante, lleno de energía y entusiasmo. En aquella ocasión cuando Jesús se había quedado atrás y los discípulos habían tomado los remos del barco para llegar a su próximo destino, el Maestro decidió alcanzarlos un poco después y como no había otro barco disponible, se dispuso simplemente a caminar sobre el agua para llegar hasta donde se encontraban sus discípulos. Cuando lo ven de lejos, algunos de los que estaban en el barco se espantan. Obviamente, ¿quién había visto a Jesús caminar sobre el agua? Era natural espantarse. De lejos, Jesús los invita a no tener miedo y les dice: «¡Cálmense! Soy yo. No teman». A lo que Pedro respondió: «Señor, si eres tú, mándame a que vaya hasta donde tú estás sobre el agua». Entonces Jesús le dijo: «ven» y Pedro se bajó del barco y caminó sobre el agua en dirección a Jesús (Mateo 14:29). En aquel instante, cualquiera de los discípulos pudo haber hecho lo que sólo Pedro hizo. Alguno de los demás pudo haber pedido permiso, como lo hizo Pedro, para caminar sobre el agua junto con el Señor. Pero ellos no lo hicieron. No sabemos si fue porque tenían tanto miedo o por cualquier otra razón por la cual ellos no pensaron como Pedro. El caso es que en lugar de ser invadido de temor o duda, Pedro vio una gran oportunidad. Eso es tener fe y visión. En lugar de permitir que el momento le ganara o dejar que «el destino» lo dirigiera, Pedro tomó control, tanto del momento como de su destino.

Seguramente, cuando el apóstol San Pedro sacó un pie del barco, los otros que estaban en la nave debieron haber pensado que se había vuelto loco. No podían creer lo que sus ojos veían. Siendo el grupo de amigos íntimos que eran, me atrevería a imaginar que hubo más de uno que vociferó su «opinión» del porqué él no debía hacer eso. Me puedo imaginar que todo el mundo tuvo su idea al respecto y posiblemente hubo quienes lo habrán querido detener. Tomás, por ejemplo. Me puedo imaginar que escuchó a Pedro pedirle permiso a Jesús para caminar sobre el agua y de repente pensó: «Bueno, realmente *dudo* que Pedro lo vaya a lograr». Sólo podemos imaginarnos lo que ha de haber estado pensando Judas Iscariote, pero lo que no me cabe duda es que todos tenían una opinión, porque lo que Pedro había pedido hacer, se salía de lo «normal», de lo «aceptado». Se había atrevido a soñar más allá de lo que jamás un hombre había soñado. Como resultado de su fe mezclada con la acción, Pedro logró ser la única persona en la historia, después de Jesús, que caminó sobre el agua.

¿Cuántas experiencias, actividades, logros y oportunidades usted ha perdido porque simplemente no estaba dispuesto a tomar acción? Quizá usted ha soñado durante mucho tiempo con empezar una empresa nueva. Debería empezar a dar pasos de acción hacia ese sueño. Primero, leyendo todo lo que exista sobre ese tipo de empresa y luego, preguntándole a otras personas sus experiencias en abrir empresas. Puede también diseñar el logotipo de su empresa. Todos estos son pasos que eliminarán el temor de empezar algo nuevo.

Quizá haya pensado en aprender un nuevo idioma. Debería dar los primeros pasos hacia ese sueño. Por lo menos, buscar un libro o un sistema de educación por audio o video con información al respecto. Si no tiene con qué comprar ese material, la acción de haber preguntado precios le da la meta de saber cuánto necesita reunir para poderlo comprar. Esa ya es una acción positiva rumbo a romper el temor de aprender ese nuevo idioma. Posiblemente haya deseado viajar a otro país y visitar nuevas culturas y tener nuevas experiencias. Necesita ir dando pasos hacia ese sueño. Por lo menos, pregunte sobre precios de boletos de avión, busque información sobre la ciudad que quiere visitar, y aprenda todo lo que pueda acerca de su gente, sus costumbres y su idioma. Esas acciones, comenzarán a romper el temor.

Recuerdo mi primer día de instrucción para llegar a ser piloto. Era el año 1995 y siempre había tenido deseos de volar, así que un día tomé la decisión de ir a un pequeño aeropuerto donde había una escuela de aviación, con el objetivo de preguntar sobre precios, horarios, requisitos, etc. Fui sólo para pedir informes, pero regresé a casa ya registrado como alumno. En la primera lección, le mentiría si le dijera que no estaba nervioso y cuando terminé, mi camisa estaba totalmente empapada de sudor. No dejaría de sudar intensamente hasta después de unos dos meses de clases. Cinco meses después, conseguí la licencia de piloto y volé durante muchos años, acumulando más de 2,000 horas de vuelo como capitán aviador. Después de tantas horas de vuelo, volar para mí ha llegado a ser algo natural. No pienso en el temor que sentí ese primer día de clases, sino en lo emocionante que es para mí volar. La decisión que tomé aquel día de ir a ese aeropuerto, produjo como resultado el llegar a cumplir uno de los sueños más grandes de mi vida: ser piloto. Lo mismo le sucederá a usted. La acción disipará el temor y usted llegará a estar más cerca de sus metas y sueños en la vida. El pastor y escritor Robert Schuler dijo con mucha veracidad: «Es mejor hacer algo imperfectamente, que hacer nada a la perfección».

ACTUARÁ IGUALE A COMO HABLA

Las palabras son muy importantes. Moldean nuestro pensamiento. Forjan nuestro criterio. Edifican nuestro futuro. Es indispensable escoger bien las palabras que permitimos salir de nuestra boca. Igualmente importante es escoger bien lo que permitimos entrar a nuestra cabeza y corazón porque lo que entra ahí es lo que va a salir. «De la abundancia del corazón, habla la boca» (Mateo 12:34). Dice el proverbio: «Tal como piensa el hombre en su corazón, así es él» (Proverbios 23:7). Es por eso que necesitamos tener cuidado de sólo permitir la entrada de cosas buenas a nuestra mente y a nuestro corazón. No podemos permitir el acceso a pensamientos negativos, pesimistas o destructivos, porque nuestros pensamientos producirán nuestras acciones. Nuestras acciones forjarán nuestro futuro. Si siempre estamos hablando palabras negativas, tendremos resultados negativos. Si siempre estamos pronosticando nuestra destrucción, es lo que vamos a conseguir. Si siempre estamos prediciendo nuestra miseria y declarando nuestra mala fortuna, eso es exactamente lo que vamos a conseguir. Conseguimos lo que decimos y lo que decimos es lo que conseguimos.

Las palabras tienen una manera poderosa de poner en acción nuestra fe. Si nos escuchamos decir algo, es mas probable que nuestro sentido de fe sea activado. Por ejemplo, si me escucho decir: «Soy un hombre de éxito... Sé que me irá bien el día de hoy», se activa el pensamiento positivo porque me escuché decirlo. Mi mente, mi corazón, y mis emociones son más propensos a creer que eso puede suceder porque me escucharon decirlo. Si las hago parte de mi vocabulario, esas palabras activarán la fe y ésta las acciones.

Las palabras negativas, temerosas y llenas de duda, sólo refuerzan fuerzas pesimistas y oscuras. Si ese es el estilo de nuestro vocabulario, ese será también el estilo de nuestra vida. Si nuestros oídos siempre escuchan a nuestra boca decir palabras de pesimismo y duda, nuestra mente se programará a vivir de la misma manera. Necesitamos pedirle a Dios que nos ayude a borrar los pensamientos negativos de nuestra vida, para que estos no se conviertan en palabras que determinen el resultado de nuestro destino. Necesitamos adoptar un vocabulario de fe y optimismo, y creer que las cosas nos van a salir bien y que nuestro futuro está lleno de esperanza.

La acción más valiente que uno puede tomar cuando no se siente valiente es profesar la valentía y después actuar de acuerdo a ella.

CORRA HARRIS

Una de las formas más efectivas de destruir el temor en nuestras vidas es hablándonos en voz alta para que nuestras palabras penetren las profundidades de nuestro ser y reprogramen el temor que esté anidado en él. Nuestro ser interior escucha las palabras de reafirmación y de ánimo, y los temores comienzan a perder fuerza. Cuando menos lo pensemos, los pensamientos de fe, de victoria y de triunfo habrán ganado.

Recuerdo cuando estaba tomando unos cursos avanzados en aviación. Después de recibir mi licencia de piloto, tomé un curso bastante complicado para solicitar una licencia especial para volar por instrumentos. Esta es la clase de vuelo que le permite al piloto volar dentro de las nubes, sin que se desoriente, ni le dé vértigo. Este curso es tan intenso que requiere de una concentración absoluta y el seguimiento de un sinfín de reglas muy complicadas. Las reglas tienen que ver con seguir ciertos patrones de vuelo, sintonizar frecuencias de radio, seguir las agujas y los compases que están en el tablero de la cabina de pilotos del avión para la ejecución correcta y segura del vuelo. Son ejercicios complicados que requieren que el piloto esté haciendo tres, cuatro y hasta cinco o más cosas a la vez. Nunca olvidaré la sensación en mi cabeza en esos primeros días de clases. Sentía que me explotaba el cerebro por la cantidad de información que estaba teniendo que almacenar en tan poco tiempo. Mientras más avanzaba la instrucción, más complicada se hacía. Fueron días intensos, debido a lo importante que es aprender bien esos ejercicios. En la aviación, aprender bien las maniobras es un asunto de vida o muerte. Un piloto que no ejecuta bien una maniobra, puede terminar siendo una estadística, junto con todos sus pasajeros. Mi instructor me recordaba eso todos los días que conveníamos para la clase. En algunas de las maniobras más complicadas, me enseñó una táctica muy interesante: hablar en voz alta. El instructor me dijo que si podía aprender de memoria algunas de las palabras claves de la maniobra, nunca se me olvidaría esa parte importante de la misma. De hecho, me explicó, que si en algún momento me encontraba con alguna duda, temor o inseguro de donde estaba o qué seguía en la secuencia del ejercicio, debería hablar en voz alta para recordarle a mi mente lo que seguía y lo que necesitaba hacer. Además, me dijo que el hablar en voz audible tenía un efecto psicológico muy positivo de sentirse acompañado. Posteriormente, me daría cuenta que mi instructor tenía mucha razón.

Cierta noche en un vuelo entre Houston, Texas, y Monterrey, México, usaría la técnica que me había enseñado mi instructor. Despegamos algo tarde de la ciudad de Houston y sabía que parte de nuestro vuelo sería de noche. Eso no me preocupaba ya que tenía muchas horas de vuelo nocturno. De hecho, volar de noche es un deleite, ya que los aires son más estables, hay menos turbulencia y se siente una serenidad hermosa al ver las estrellas por arriba y las luces de las ciudades pasando por abajo de uno. Lo que no sabía era que las condiciones en la ciudad de Monterrey empeorarían antes de nuestro arribo. Faltando 30 minutos para aterrizar, entramos en una nube llena de lluvia. Gracias a Dios, no había relámpagos ni tormenta. En mi pequeña avioneta, un bimotor Cessna 310, de noche hay que encender una luz roja muy tenue con la que leemos los mapas y la información correspondiente al vuelo. Existen planillas con las rutas de aproximación preestablecidas que tenemos que seguir con absoluta precisión y concentración. Si seguimos correctamente las instrucciones, no nos estrellaremos contra algún cerro alrededor de Monterrey ni tendremos ningún otro tipo de percance. La clave es seguir fielmente las instrucciones de la planilla y eso es lo que me tocaba a mí hacer esa noche.

De pronto el controlador aéreo me llamó por la radio para decirme que en su radar, él notaba que yo tenía una distancia de más de 5 millas náuticas fuera de la ruta preestablecida (impresa en las planillas que tenía en mi regazo en ese momento y que debía estar siguiendo sin variar). Eso no era aceptable, obviamente, e inmediatamente le contesté que verificaría por qué me había salido tanto de la ruta. Automáticamente consulté mis libros, mis radios, las planillas, las agujas que debía estar siguiendo y no encontraba la falla. Todo eso ocurría mientras era de noche, dentro de una nube, con el ruido de la lluvia golpeando fuertemente contra nuestra nave y con la luz rojita muy tenue que me impedía ver bien las planillas y mis instrucciones. Mi corazón empezó a latir más rápido y las manos empezaron a sudarme.

Nuestra velocidad en ese momento era de aproximadamente 330 kilómetros por hora. La insistencia del controlador de vuelo me puso más nervioso y yo sabía que tenía que remediar el problema dentro en muy poco tiempo, ya que me quedaban sólo unos cinco minutos antes de comenzar el descenso para aterrizar. Cinco minutos detrás de los controles de un avión que va a esa velocidad, pueden parecer horas. Por la altitud a la que volábamos sabía que estábamos fuera de peligro, en cuanto a los cerros se refería, pero se me hizo una eternidad descubrir dónde había cometido el error.

De pronto, recordé la recomendación de mi instructor: «Habla en voz alta», me había dicho. Comencé por llamarme fuerte la atención al estilo de: «Cómo se te ocurre estar desviado de la vía. Tú no vuelas así. Tú eres un buen piloto, así que ¡maneja este avión!». Después dije en voz alta todas las instrucciones de la vía, una por una, revisando cada frecuencia de radio que tenía que sintonizar para volar ese patrón

> *Para luchar contra el temor, hay que actuar. Para hacer crecer el temor, sólo espere, posponga, no haga nada.*
>
> D. J. SCHWARTZ

en particular. El solo hecho de escuchar mi voz en la cabina del avión tuvo un efecto tranquilizante en mí. El corazón me dejó de palpitar rápidamente, las manos me dejaron de sudar un poco y me di cuenta de que íbamos a salir adelante. Una vez que me tranquilicé, empecé a pensar mejor, el temor comenzó a disiparse y fue entonces que descubrí el error que me había llevado a desviarme de la ruta. Un error sencillo, pero muy importante de corregir. Dentro de los 2 ó 3 minutos después de haber empezado a hablar en voz alta, había encontrado y corregido el error, le había comunicado al controlador aéreo cual había sido el error y él en respuesta, me dirigió con nuevas instrucciones para reintegrarme al patrón de vuelo que tenía que volar. En segundos, estaba todo arreglado.

Hablar en voz alta me ayudó a disipar el temor, a pensar mejor y a encontrar el error. Sabía que no tenía más opciones que seguir volando el avión, así que lo hice, con todo y miedo. Sin embargo, el poder de mis palabras audibles fue la clave para encontrar el error, calmar mis nervios y regresarme a la tranquilidad que requería para poder descender y aterrizar bien la avioneta. Algunos de los que iban conmigo en la avioneta se espantaron al escucharme hablar en voz alta, sin poder saber qué era lo que ocurría. Lamento mucho haberles transmitido mi temor con mis palabras, pero el resultado final fue bueno porque todos aterrizamos sanos y salvos.

Repetir mil veces una frase o hablar en voz alta no es como algún tipo de mantra o pócima mágica. Lo hacemos para activar la fe en nosotros. La fe es poderosa en el ser humano. Jesucristo dijo: «Al que CREE... todo es posible» (Marcos 9:23). Si podemos creer algo, lo podremos obtener. Si dudamos, lo que obtendremos será duda. Obtendremos lo que decimos, por eso es muy importante tener cuidado con lo que sale de nuestros labios. Digamos palabras llenas de fe, de optimismo y de cosas positivas. Haga las cosas aunque tenga miedo. Láncese a caminar sobre el agua como lo hizo el apóstol San Pedro.

Si es posible que pase esta copa

En un momento de gran angustia, vemos a Jesús en el Huerto de Getsemaní orando toda la noche. Está teniendo una gran lucha. Sabe que la única manera de traer redención a la humanidad es siguiendo el plan que el Padre le encargó de entregarse como sacrificio perfecto, en pago por todos los pecados del mundo. Sin embargo, siendo hombre mismo, Jesús sabía que lo que le esperaba sería extremadamente difícil. Su naturaleza divina no sufrió, sino su naturaleza humana. Jesús entendía que estar colgado en la Cruz del Calvario sería uno de los dolores más intensos y horribles que, como humano, tendría que experimentar.

No tengo ni la autoridad ni el atrevimiento de especular si a Jesús le dio «miedo» en esa ocasión o no. Como hombre, es posible que luchara con esas emociones, porque la Biblia enseña que fue un hombre igual que todos nosotros y que sintió las mismas cosas que todos hemos sentido. Por lo tanto, sí creo tener la autoridad para decir que, en algún momento de su existencia, Jesús sintió miedo. No sé si en este relato, en el Huerto de Getsemaní, fue una de esas ocasiones, pero pudo haber sido. Lo que sí sabemos es que fue un momento de tanta intensidad que Jesús sudó gotas de sangre. Transpirar sangre es una condición de estrés tan extremo que se abren los poros y se derrama sangre en lugar de sudor. Jesús, en el Getsemaní, estaba sufriendo como nadie se puede imaginar.

Al hablar con su Padre Celestial le dice: «Padre, si es posible, que pase de mí esta copa; más no se haga mi voluntad sino la tuya». (Mateo 26:39) y en efecto estaba diciendo: «Si existiera cualquier otra manera de comprar la salvación de la humanidad, sería bueno. Pero si esta es la única manera de lograrlo, no quiero que se haga mi voluntad. Quiero que Tú hagas Tu voluntad. Estoy dispuesto a sufrir este martirio, este sacrificio, este dolor con tal de cumplir Tu voluntad eterna». Eso es hacer las cosas con valentía, decisión, fe y valor. Así es como debemos hacerlo nosotros también. No puedo estar seguro de que en esa precisa ocasión Jesús sintiera «temor», pero sí puedo asegurar que su ejemplo de darle cara a uno de los momentos más difíciles de su vida y enfrentarlo con valor y entrega es una más de las muchas razones por las cuales Él es uno de mis más grandes héroes en la vida.

Ese ejemplo me ha servido de mucho en mis momentos de sufrimiento y debilidad. Su ejemplo me ha ayudado a saber que yo también, a pesar de ser humano, puedo enfrentarme a los momentos más duros y salir adelante victorioso. Su ejemplo me ayuda a tener fuerza para hacer las cosas que tengo que hacer a pesar de tener miedo, duda o temor. Su ejemplo de ir a esa cruz cruel me ayuda a saber que nunca he pasado por una prueba tan grande como la que sostuvo él y sin embargo, llevó su cruz con dignidad al Calvario y entregó todo por amor a la humanidad. ¡Qué gran ejemplo a seguir!

En la vida nos encontraremos en muchas situaciones donde no tendremos otra opción que salir adelante. Tendremos que hacer ciertas cosas a pesar de tener miedo. Tendremos que actuar con fe y valor a pesar de lo difícil de ciertas situaciones, haciendo nuestro mayor esfuerzo de no prestarle atención a nuestros temores. Es parte de la decisión de vivir. ¡Hágalo... aunque tenga miedo!

Una historia de éxito: Mi amiga Cristina de Hasbun llevaba varios años trabajando como sobrecargo o aeromoza para una aerolínea de su país, El Salvador. En la oportunidad de que les hablo, ella volaba en un avión 767 con destino a Los Ángeles, pero con escala en Guatemala. Cuando el avión hizo dicha escala, todo aparentaba estar bien; la nave había aterrizado y solo esperarían a que se detuviera por completo para que todos

los 215 pasajeros a bordo pudieran bajar. Ya estando sobre
la pista de aterrizaje, el capitán, como de costumbre, activó
los reversores de aire para lograr reducir la velocidad. Sin
embargo, curiosamente el avión no lo hizo.

Cuenta Cristina que en cuestion de segundos el avión
comenzó a vibrar, causando que se activara y desactivara
repetidamente el sistema de luces, lo que generó gran pánico
entre los que se encontraban allí. Al final de la pista sólo les
esperaba un barranco y debido a que el avión aún contaba
con 30 mil libras de combustible, una terrible explosión sería
inevitable.

De repente, el avión dio un giro en «U» y se adentró en
una colina, pero para empeorar la situación, la puerta de la
cabina de pilotos del avión se abrió y una nube de polvo
eliminó toda la visibilidad del piloto. «¡Nos morimos! No
sabemos ni para dónde vamos y todos vamos a morir. Los
pilotos no ven ni tan siquiera hacia donde el avión se dirige»,
pensó Cristina que se encontraba sentada justo al frente de
la cabina de pilotos.

El avión continuó su rumbo sin el control del piloto.
Aun así, una de las alas del avión —las cuales portan el
combustible— logró esquivar una caseta de vigilancia que
se encontraba a la altura de la misma. La otra tenía un boquete
de 15 centímetros de circunferencia por el que se estaba
derramando el combustible y precisamente en el lugar por
el que pasaba el avión, y debajo de esa ala, se encontraba
un grupo de personas cocinando con leña. Sin embargo,

milagrosamente, el combustible, en lugar de provocar una explosión, apagó el fuego.

Luego de unos minutos de desesperación, la nave comenzó a detenerse a un metro exacto de un cable de alta tensión que amenazaba con impactar la pequeña ala ubicada en la parte superior del avión donde se encuentra el timón direccional. Definitivamente, si esto hubiese acontecido, el fuego habría sido inevitable. La gente gritaba desesperadamente buscando una manera de salir. Finalmente, el avión se detuvo por completo frente a un árbol del cual una de sus ramas y entró a la cabina, quedando a un metro de penetrar el tórax del piloto. Luego de esto, las puertas delanteras del avión se abrieron para que se inflaran los toboganes de evacuación. Sin embargo, para aumentar la desesperación, uno de los toboganes fue atravesado por una rama y explotó. Aun así, Cristina, junto con todo el personal de sobrecargo, logró evacuar a los pasajeros por un solo tobogán en un tiempo record de 59 segundos. «Gracias a Dios nadie falleció, ni fue gravemente herido, aunque el avión quedó totalmente inservible y nunca más pudo volver a volar», nos cuenta hoy Cristina de Hasbun, 14 años después de tal incidente.

A raíz de ese accidente, Cristina tuvo que permanecer incapacitada por un mes ya que no solo quedó afectada con una lesión en la columna sino por un gran temor a aterrizar. «Durante todo ese mes todo el mundo me preguntaba si iba a volver a volar —cuenta Cristina—. Mi esposo me decía: «Mejor renuncia, no vuelvas a volar». Pero en mi interior yo decía: «Si yo no vuelvo a volar, el miedo que tengo a aterrizar nunca se me va a quitar».

Un mes más tarde, Cristina tuvo que enfrentarse cara a cara con su miedo pues debía reincorporarse a su trabajo. «En cada aterrizaje yo decía: «¿y si pasa de nuevo? ¿y si el avión no frena nuevamente? ¿Y si hay otro accidente? ¿Y si hoy sí nos morimos?» Tenía muchos pensamientos negativos al momento de aterrizar. Pasé mucho tiempo así, varias semanas volando con ese mismo miedo, con ese mismo palpitar en mi corazón. Pero yo sabía que no podía dejar de volar porque si huía del miedo, este iba a gobernar mi vida». Sin embargo, esa experiencia se seguiría repitiendo en la vida de Cristina por alrededor de seis meses. Es por eso que durante todo ese tiempo, ella se mantuvo haciendo lo que le daba miedo hacer hasta que llegó el momento en que el miedo desapareció por completo, pudo recuperarse de ese trauma y trabajó seis años más en la empresa.

Cuenta Cristina que un día una amiga cercana, que también trabajaba de sobrecargo o aeromoza, se acercó a ella y le dijo unas palabras que marcaron su vida y la ayudaron a vencer el temor: «El versículo que dejó una huella en mi corazón es el que dice que Dios va a guardar mi entrada y mi salida desde hoy y para siempre» (Salmo 121:8), agrega Cristina. «Ese versículo fue el que me sostuvo después de empezar a volar. Hasta el día de hoy, es una palabra que destruye cualquier miedo que quiera tocar a la puerta de mi corazón. Finalmente, llegó el momento donde el miedo desapareció y yo pude caminar y trabajar. Trabajé 6 años más en la empresa».

La historia de Cristina de Hasbun es indiscutiblemente otra historia de éxito. Ella fue capaz de *hacer lo que le daba miedo*; se enfrentó a
su miedo y logró superarlo. De la misma manera lo logrará usted también una vez que decida enfrentarse a sus más grandes temores. Así que, ¡Hágalo... aunque tenga miedo!

«Dios no nos ha dado espíritu de temor, sino de amor, de poder y de dominio propio» (2 Timoteo 1:7).

Al igual que mi amiga Cristina, que tuvo que accionar a pesar del miedo que sentía, usted y yo nos podemos sobreponernos a nuestros miedos y salir adelante. Póngase en acción para lograrlo. Ponga sus palabras a operar en favor suyo y cuando menos lo piense, ese temor será una memoria, un pasado distante, ya a que empezará a vivir de una manera nueva y diferente: con vigor, entusiasmo y lleno de fe.

Para reír

Cierto alpinista se encontraba en serios problemas. Después de haber escalado hasta un punto bastante alto de la montaña, había resbalado en una parte cascarosa, provocando que se desplomara varios cientos de metros. En ruta hacia la base del cerro, logró prenderse del tronco de un árbol viejo que salía del lado de la montaña. Después de unos minutos de recuperación del susto, empezó a gritar: «¡Auxilio... auxilio! ¿Hay alguien por ahí que me ayude?» Silencio. Miró para todos lados para saber qué podía hacer. Siguió gritando: «¿Hay alguien por ahí que me ayude? ¡Auxilio!». Nada.

Después de varios gritos despavoridos, escuchó de pronto una voz, profunda y retumbante: «Yo te puedo ayudar. Sólo necesitas soltarte de esa rama». «¿Quién eres?», preguntó el alpinista. «Soy Dios», le contestó la voz: «Te puedo ayudar, pero tienes que soltar esa rama». El alpinista tuvo varios minutos de meditación profunda, pesando sus opciones. De pronto gritó: «¿No habrá alguien más por ahí que me pueda ayudar?».

Preguntas para reflexionar

1. ¿Estoy enfrentando valientemente mis compromisos y dándole la cara a los desafíos?

2. ¿Me intimidan los compromisos y me da miedo hacerlos?

3. ¿Estoy perdiendo la oportunidad de disfrutar la vida por estar siempre analizándola?

4. ¿Qué metas aún no he logrado a causa de mis temores?

5. ¿Qué decisiones puedo empezar a tomar para disipar estos temores y alcanzar mis sueños?

6. ¿Qué tipo de palabras son parte de mi vocabulario? ¿Están mis palabras llenas de fe y optimismo?

7. ¿Qué clase de pensamientos estoy permitiendo que entren en mi mente?

8.   ¿Tengo una actitud optimista hacia mis metas?

9.   Piense en frases optimistas que pueda pronunciar en voz alta
     para disipar sus temores y comience a hacerlo.

Oración

*Señor, ayúdame a enfrentar mis compromisos y a vencer todo temor,
inseguridad e intimidación. Quita de mi toda parálisis mental y
psicológica y ayúdame a actuar en pos de mis sueños. Cambia mi
forma de hablar; haz que mi vocabulario esté siempre lleno de fe,
optimismo y palabras positivas. Llévate todo pensamiento pesimista
que quiera invadir mi mente y todo sentimiento negativo que quiera
llegar a mi corazón. Gracias porque me has prometido que si creo,
todo me será posible.*

CAPÍTULO CINCO

No se deje vencer

No tengas miedo de entrar en lo desconocido,
porque donde hay riesgo, también hay recompensa.

Lori Hard

En el año 1989 se me ocurrió la gran idea de juntar músicos, compositores, arreglistas, cantantes, productores e ingenieros de sonido para un magno evento de capacitación, inspiración y motivación al que le puse por nombre «Música '89». Escogí como sede del evento a la ciudad de Guadalajara, en el oriente de México. Fue un sueño sumamente ambicioso y agresivo. Nunca me imaginé que éste sería el inicio de un movimiento que inundaría el continente latinoamericano en muy poco tiempo.

En los primeros días de estar organizándolo, viajamos a Guadalajara para reunirnos con los ejecutivos del hotel y centro de convenciones que sería el plantel anfitrión. El hotel es un impactante rascacielos en una zona muy accesible de la ciudad. El salón principal podía albergar alrededor de 2,000 personas y pensamos que, si nos iba bien, podríamos soñar con tener una afluencia de 1,500 asistentes en las reuniones nocturnas.

Días después de ese viaje, me dijo mi secretaria, Gloria Quiñones, que había llegado el contrato oficial para cerrar el compromiso; el cual necesitábamos firmar esa misma tarde. Cuando escuché sus palabras, sentí en el estómago una sensación hueca, no porque era una mala noticia, sino porque era un camino nuevo para mí y el compromiso serio de un contrato firmado, me hizo sentir el peso de la decisión. Además, lo que hacía la decisión más difícil para mí era que el hotel pedía que les diéramos ciertas garantías sobre la cantidad de gente que se hospedaría en las habitaciones y otros detalles que ahora no me parecen gran cosa; pero que en aquel momento me parecía una enorme montaña que nunca había escalado. El peso de esa decisión caía totalmente sobre mis hombros. Es decir, que si no ocupábamos la cantidad de habitaciones que el hotel requería, tendríamos que pagar-las de todas maneras. Las sumas eran grandes cantidades de dinero, di-nero que yo no tenía, ni tampoco nuestra compañía que organizaba el evento, CanZion Producciones. No quise ni pensar en qué pasaría si no llenábamos el hotel.

Salí rumbo a mi casa para almorzar y poder hablar con Miriam al respecto; porque tenía deseos de saber cuál era su sentir. He encon-trado a través de los años que mi esposa es muy sensible con respecto a decisiones importantes y su consejo para mí es inapreciable. En esta decisión histórica, como en tantas otras de mi vida, necesitaba su con-sejo. Mientras más lo hablamos, más creció mi fe y fue disminuyendo el temor de quedar mal con el hotel o de no tener el dinero suficiente para cubrir cada uno de los compromisos. Regresé a la oficina con el documento en la mano, lo firmé y esa misma tarde salió para Guadala-jara, comenzando de esa manera una nueva y emocionante etapa de nuestra vida que duraría muchos años.

Fue un milagro de Dios que ese primer congreso haya tenido tanto éxito, ya que no teníamos la menor idea de cómo organizar un evento nacional. Sin embargo, esta historia es una de avanzar, a pesar de lo que otros digan o profeticen.

Al firmar, recibí esta lección: si hubiera permitido que el temor tomara control de la situación el día que debía firmar el contrato, nunca habríamos celebrado ese primer evento «Música '89» y no ha-bríamos tenido la bendición de tocar miles de vidas a través de esos eventos. Además, en el momento de firmar ese papel, no sabía que con ese sencillo acto pondríamos en marcha un evento que inspiraría muchos otros eventos y que marcaria un momento sin precedente en la historia del movimiento de la música cristiana en América Latina. Al poco tiempo, existían eventos en todos los países del continente, muchos de los cuales tomaron su ejemplo e inspiración en los eventos que organizamos en México. Lo que una decisión puede lograr, es mucho más grande de lo que nos podemos imaginar.

¿Cuántas cosas hemos dejado de hacer porque nos da miedo correr el riesgo? ¿Cuántas victorias hemos dejado de gozar porque nos invadió el miedo y no pudimos terminar lo que habíamos comenzado? ¿Cuántos sueños han quedado en el olvido porque el soñador no tuvo la perseverancia de seguir creyendo? Es posible que en la vida de cada uno de nosotros existan muchísimas experiencias no vividas, por el simple hecho de no tener el coraje de pagar el precio del riesgo. Hay que caminar con intrepidez y fe, creyendo que podemos lograr lo que nos proponemos. El día que firmé y envié el contrato a Guadalajara, lo hice con temor y temblor, sabiendo que si nos iba mal, el único responsable ante el hotel sería yo, nadie más. Me temblaba la mano cuando tomé la pluma para poner mi firma. El temor estaba totalmente presente, sólo que me sobrepuse a él y no me di por vencido. No significa que el temor no me visitó en repetidas ocasiones antes de que comenzara el evento.

A diario, mil preguntas pasaban por mi mente: ¿Qué tal si la gente no responde? ¿Qué tal si llega el día del evento y nadie llega? ¿Cómo voy a cubrir esa cantidad de decenas de miles de dólares...? ¿Qué tal esto? ¿Qué tal aquello? Gracias a Dios, nos fue muy bien en esa primera ocasión. El día que empezó el evento, había tanta gente que se nos agotaron los lugares en el auditorio central. A última hora, tuvimos que conseguir un salón aledaño para poder acomodar a más personas, que podían vernos a través de las pantallas que habíamos instalado. El hotel, después de hacer uso de más de 120 de sus habitaciones, simplemente ya no tenía lugar para nosotros y tuvieron que llamar a otros hoteles en la ciudad para buscar habitaciones disponibles para nuestro evento. Nunca olvidaré el caos absoluto que reinaba en el lobby del hotel, mientras registraban a cientos de personas que se habían dado cita en la ciudad de Guadalajara, viniendo de cada rincón del país, para pasar esos tres maravillosos días con nosotros.

¿Qué habría sido de esta historia si yo no hubiera firmado ese papel? Nunca lo sabremos, gracias a Dios, pero me puedo imaginar que no habría terminado de la misma manera. Una acción tan sencilla como la de firmar un contrato fue lo que tocó a miles de personas. Si siempre permitimos que nos gane el temor, nunca podremos ver la realización de nuestros sueños.

¿Qué lo está deteniendo a usted? ¿Cuál es el temor que lo tiene paralizado para tomar las decisiones necesarias y realizar sus sueños? Tal vez, le tiene temor al fracaso. Tiene miedo de quedarse con deudas que rebasarían su capacidad de pago. No se dé por vencido. Actúe, no motivado por el temor, sino por lo emocionante que es pensar en la victoria que se puede obtener cuando se corre un riesgo. No se dé por vencido. Persevere, logre vencer sus temores para ver cumplidos sus sueños.

Temor al rechazo

Siendo yo muy pequeño, mi mamá se dio cuenta que yo tenía un problema que hacía que cada noche mojara la cama. El asunto residía en que mi vejiga era demasiado pequeña para el tamaño de mi cuerpo. Mis papás intentaron ayudarme de todas las maneras posibles, sin buenos resultados. Esta condición me siguió durante toda mi niñez y aún hasta mi adolescencia y juventud. No le podría contar todas las ocasiones sumamente penosas que viví debido a esta condición. Mojé la cama de primos, tías, abuelos, amigos, hoteles, etc. Eso causó que yo fuera el blanco de las burlas de algunas personas insensibles, que pensaban que eran chistosas. La burla, para mí, se convirtió en una gran herramienta de rechazo que me molestaría durante muchísimos años. Personalicé profundamente la burla como un rechazo y causó daño en mi autoestima. Por mucho tiempo me subestimé y viví con un fuerte complejo de inferioridad. Pensé que lo único que sabía hacer bien era mojar la cama. Pensé que todas las personas sabían de mi problema y, por ende, no me podían aceptar. Me sentía rechazado.

Ahora, después de muchos años, entiendo que hice más grande el problema de lo que quizá era, pero en mi mente de joven, no había un problema más grande para mí en aquel momento. Ese sentimiento de inferioridad y rechazo me paralizó en muchas ocasiones. Tenía temor a ser rechazado o burlado. Por ejemplo, las muchas veces que fui invitado a quedarme la noche con un amigo, no lo hize, por temor a mojarle la cama. Mi mente lo procesaba de la siguiente manera: después de que se entere que le mojé la cama, vendrá la etapa de estar disgustado conmigo, seguido por la etapa de burla. Nunca más me volverá a invitar a su casa y le contará a todos los compañeros del colegio lo que había pasado y ninguno de ellos me invitaría después de eso. Así que, lo mejor era simplemente no aceptar su invitación. Asunto arreglado.

Muchas personas viven su vida de esa misma manera. Se imaginan una cantidad de cosas y escriben el final de una película imaginaria en base a sus temores, complejos y fobias. No sea usted uno de ellos. Si por alguna razón usted tiene que experimentar el rechazo, puede aprender algo de esa experiencia. Podemos mejorar. Podemos hacer del rechazo un buen amigo. Por lo menos, sabemos que él no nos abandonará. Ármese de valor, enfréntese al rechazo y no se deje vencer. Recuerde las palabras del Apóstol San Pablo al escribirle a los Corintios: «Lo vil del mundo y lo menospreciado escogió Dios, y lo que no es, para deshacer lo que es» (1 Corintios 1:28).

Temor al fracaso

Creo que éste ha sido mi más grande temor: por años he luchado con el pensamiento de que algún día voy a llegar a un concierto mío y no va a ver gente esperándome.

Recuerdo la primera vez que organizamos un concierto en la hermosa ciudad de Cancún, Mé-

> *Quien teme ser conquistado está seguro de la derrota.*
>
> NAPOLEÓN I

xico. Aunque nunca había ofrecido un concierto en Cancún, existía mucha expectativa acerca de mi llegada. Sin embargo, el día que llegamos a la ciudad, me enteré que habían alquilado el estadio de béisbol para el evento, en el que le caben más o menos 10.000 personas. Mi pensamiento entró en un estado de crisis. Pensé: «¿Cómo se les ocurrió alquilar un estadio tan grande en una ciudad turística donde la gente no quiere escuchar a alguien cantar, sino ir a la playa?». Luché toda la tarde del concierto con ese pensamiento, preparándome psicológicamente para llegar al estadio de béisbol y no ver más que unos pocos de esos fans acérrimos que siempre llegan sin importarle lo que esté pasando. Al llegar cerca del parque de béisbol, había un tremendo trancón de automóviles por la cantidad de personas que estaban llegando al estadio. Esa noche no sólo se llenó el estadio, sino que hubo gente sentada en las bardas alrededor del estadio, viendo por las rejas de las puertas y en las azoteas de las casas que rodean el parque de béisbol. Esto fue una gran lección para mí.

Siempre pensé que el día que me tocara llegar a un auditorio y que no hubiera gente para mi concierto sería el peor día de mi vida. Ahora puedo decir que no lo fue. ¿Cómo lo puedo decir? Porque ya me pasó. Con absoluta sinceridad puedo decir que hay muchas cosas más terribles que eso. Además, fue un ejercicio muy bueno para mi ego. Me ayudó a seguir recordando que todo lo que tenemos es gracias a la bondad divina de Dios Nuestro Señor y que nada podríamos hacer sin Él. Si lo tenemos siempre a Él en primer lugar en nuestra vida, podremos seguir adelante y el fracaso no nos dará miedo. Además, sabemos que si lo tenemos a Él, lo tenemos todo. «Si Dios es por nosotros, ¿quién contra nosotros?» (Romanos 8:31). Por otro lado, recuerde que lo que el mundo cataloga como «éxito» o «fracaso» puede ser muy distinto a lo que Dios dice que es «éxito» o «fracaso». Por ejemplo, el día que llegué a ese evento donde no había gente, para mí fue un éxito; porque superé una prueba hermosa de recordar que soy un producto de Su gracia Divina. Fue un éxito, porque no me desanimé ni me sentí mal. Nos la pasamos a todo dar, riéndonos mis músicos y yo, disfrutando del momento y sabiendo que aunque la gente no había llegado, cualquiera que haya sido la razón, nuestro valor no estaba en el tamaño del público, sino en el tamaño del amor que Dios tiene por nosotros. Ese día no fue un fracaso, fue un gran éxito por el valor de lo que aprendimos de nosotros mismos al enfrentar esa situación. Aunque una situación a los ojos de otros parezca un fracaso, usted y yo la podemos convertir en un éxito. Todo depende de nuestra óptica. No se deje vencer por el temor al fracaso.

Temor al qué dirán

Todos sufrimos cuando sabemos que hay personas que tienen una opinión negativa acerca de nosotros. Las palabras hieren, duelen. Todos albergamos el deseo de que las demás personas tengan una buena opinión de nosotros. Sin embargo, la realidad es, que nunca será así. Siempre habrá aquellos que tengan una opinión bien definida acerca de nosotros y nunca habrá suficiente labor de convencimiento para hacerlos cambiar de parecer. Por más que queramos, no podemos hacer que todo el mundo piense bien de nosotros. Así que de una vez por todas, decídase a no permitir que el temor a las opiniones de los demás lo detengan de lograr sus sueños. No le tenga miedo al qué dirán.

Uno de los grandes descubrimientos en mi vida, ha sido el reconocer que no importa cuánto trate yo de cuidar los detalles, cuánto intente que la gente piense bien de mí, al fin de cuentas, pensarán lo que deseen pensar. Si nos preocupamos por el estilo de cabello que tenemos, habrá quienes pensarán que es absurdo. Aunque pensemos estar vestidos a la altura de todo el mundo, no faltará quien piense que vestimos mal. Si nos ponemos los zapatos de moda o no, si usamos la marca de reloj correcta o no, no cambiará el hecho de que habrá personas que pensarán lo que deseen de nosotros, de todas maneras. Así que, eliminemos el temor al qué dirán, porque dirán algo de una u otra manera. Si siempre estamos tratando de vivir nuestra vida de acuerdo a lo que otros digan y opinen, viviremos una miserable existencia de mediocridad, sin alcanzar los sueños y las metas que nos hemos propuesto.

Temor a la crítica

El primo hermano del qué dirán es la crítica. Es difícil tener que soportar la crítica de las demás personas, especialmente cuando ésta viene sin ninguna buena intención. La crítica más fácil de descartar es la que viene de aquellas personas que ni nos conocen, ni conocen nuestras intenciones ni mucho menos nuestras motivaciones. Son distantes a nuestras vidas y ni siquiera hacen un esfuerzo por acercarse, probablemente por temor a descubrir que su análisis de nosotros es equivocado. Normalmente, esa clase de crítica viene de personas que, como dice Miguel Ángel Ruiz Obregoso, «la crítica punzante parece ser su única ocupación conocida». Si estamos permitiendo que esta clase de crítica nos paralice, tenemos necesidad de procurar ayuda. Realmente, no nos debería importar qué es lo que opinan esas personas. En nada nos pueden ayudar.

Hay otro nivel de crítica que es más dolorosa que la anterior. Es la que proviene de personas que sí nos conocen y que saben nuestros sueños y visiones y han tenido la oportunidad de palpar las motivaciones de nuestro corazón. Y aún a pesar de todo eso, eligen criticarnos. Eso sí que duele mucho. Me imagino que todos hemos tenido que ser expuestos a esa clase de crítica en algún momento u otro de nuestra vida, aunque no se lo desearía ni a mi peor enemigo, porque esa clase de crítica es la que más corta, hiere, duele y paraliza. Lo único que podemos hacer para protegernos de esa especie de crítica es prepararnos mentalmente de que vendrá y estar listos a afrontarla cuando venga. Ayuda mucho hablar con alguien que ya haya pasado ese tipo de situación; para que comparta sus experiencias y nos ayude a tener la madurez suficiente para lidiar con este tipo de crítica. Por muy doloroso que sea, no debemos permitir que el temor a esa clase de crítica nos detenga de seguir caminando.

El que es imprudente, critica a su amigo; el que piensa lo que dice, sabe cuándo guardar silencio.

PROVERBIOS 11:12 (BLS)

Existen varios pasos que podemos dar cada vez que nos enfrentamos a una crítica. El primero es revisar la fuente, en otras palabras, ¿de quién viene la crítica? Si es alguien que nos ama, que nos aprecia, que está interesado en nosotros, entonces es una buena fuente. Por otra parte, si es alguien que nos odia, que nos repele, que simplemente quiere atacarnos, entonces no es una buena fuente. Sin embargo, si es alguien que ni siquiera nos conoce, entonces es una fuente cuestionable. En segundo lugar, debemos pesar las palabras habladas. Es decir, ¿en qué espíritu se dijeron? ¿Es un espíritu con la intención de ayudar o es un espíritu con la intención de simplemente atacar? Debemos tratar de sopesar lo dicho, y analizar en qué tono de voz nos hablaron y cuál fue la intención de lo que dijeron. ¿Fue premeditado o simplemente fue algo espontáneo? Si viene con un buen espíritu y en un buen tono, deberíamos escuchar esa crítica, ya que podría convertirse en nuestro mejor amigo, si así lo permitimos. Pero si viene con veneno, lo único que nos va a causar es daño. Quizás la crítica no venga con buen espíritu ni con mal espíritu sino que simplemente alguien dijo lo primero que se le vino a la mente. Este tipo de crítica la podemos descartar como sólo un comentario que alguien hizo que ni nos afecta ni nos ayuda. En tercer lugar, después que hayamos revisado la fuente y después que hayamos sopesado el espíritu con el que viene la crítica, es cuando tomamos la decisión de abrazar o rechazar la crítica. Si la abrazamos—porque venía con un buen espíritu y de una fuente correcta— esa crítica puede convertirse en un gran aliado nuestro y ayudarnos a ser mejores. Si es algo que viene de una mala fuente, con un mal espíritu y con un mal deseo, necesitamos rechazarlo porque si abrazamos veneno, nos vamos a envenenar. Es por eso que, si deseamos recibir críticas positivas, siempre debemos procurar expresar críticas positivas, como dice el Salmo 19:14: «Sean gratos los dichos de mi boca y la meditación de mi corazón delante de ti...».

La última clase de crítica de la que hablaremos en esta sección debería ser la más fácil, aunque a veces también nos cuesta recibirla: la crítica constructiva. Esta es la clase de crítica que se encuentra en labios de las personas que nos aman y que prudentemente saben balancear su amistad, y compromiso con nosotros en relación a su comentario. Cada uno de nosotros debería tener la bendita fortuna de que existan en nuestras vidas algunas personas que nos hablen con franqueza y claridad, ayudándonos a convertirnos en mejores personas. Si hacemos de sus comentarios nuestros amigos, podrían ser los que más nos ayuden a superar cualquier deficiencia en nuestro carácter, personalidad, profesión o vocación. Tenemos que abrazar la crítica constructiva, aprender de ella y dejar que su medicina opere en nosotros, haciéndonos mejores personas. Si lo tomamos por el lado negativo, los únicos que perdemos somos nosotros.

Me gustaría resaltar la diferencia entre una crítica constructiva y una destructiva, es decir, una que ayuda y una que no. Una crítica que ayuda es una crítica que viene con respuestas; una que no ayuda sencillamente deja el problema sin resolver. No tiene afán de mejoría personal, simplemente alguien nos lanza una crítica, la deja a nuestros pies y nos toca arreglárnosla como podamos. La crítica constructiva presenta soluciones y es hablada en un tono de voz que hace notar la intención positiva de la persona que está haciendo el comentario. Por otra parte, también hay críticas presentadas con muy mala intención, pero que en el fondo tienen una verdad que nos puede ayudar. Yo puedo filtrar todo lo malo y quedarme nada más con lo bueno y ser mejor. Hay un versículo de la Biblia que dice que debemos escudriñarlo todo, desechar lo malo y retener lo bueno (1 Tesalonicenses

5:21). Una crítica destructiva normalmente solo viene con una mala actitud, un mal tono de voz, un mal deseo y mucho veneno; esa no me va a ayudar. Sin embargo, no debemos dejarnos vencer por cualquier tipo de crítica, no importando si haya sido lanzada con buena o mala intención. Nosotros podemos seguir adelante. ¡Somos más grandes que la crítica que lancen contra nosotros!

Tengo la bendición de que mi esposa, Miriam, y yo gozamos de una relación llena de muchísima comunicación. Desde que fuimos novios, hemos gozado de esta bendición. Después de 20 años de casados, seguimos deleitándonos con un nivel de comunicación inmejorable. De hecho, mientras más tiempo pasa, más conversamos acerca de una gran variedad de temas. Uno de mis gozos más grandes es escuchar los comentarios que Miriam pueda tener con relación a alguna de mis enseñanzas, escritos, canciones o comunicaciones. Siempre me ayuda aportando una perspectiva muy interesante, fresca y distinta. Casi cada domingo, con muy pocas excepciones, tenemos largas conversaciones acerca de mi discurso dominical en la congregación cristiana que dirijo en la ciudad de Houston, Texas. Esas conversaciones me han hecho un mejor comunicador. Me ayudan a pensar mejor como teólogo. Me ayudan a formular y a plantear mejor mis argumentos. Sus comentarios, casi todos ellos positivos, han sido elementales en ayudarme a ser un mejor comunicador de las verdades de Dios y de la vida. ¿Qué haría yo si tuviera una esposa que retuviera lo que está pensando? No tendría la riqueza de su mente. No gozaría de su creatividad ni de sus ideas. Gracias a Dios que hace mucho tiempo encontré que la crítica constructiva en boca de personas que me aman y que caminan comprometidos conmigo, es uno de los mejores recursos que Dios, en su gracia, me ha regalado.

Por otra parte, también hay veces en las que se presentan ciertos desacuerdos entre nosotros, y mucha gente me pregunta cómo los resuelvo. Creo que muchas cosas no tienen solución y muchos desacuerdos siempre van a estar ahí. Hay un dicho que dice: «El respeto no tiene pleito con nadie» y yo respeto las opiniones de Miriam como ella respeta las mías. Entonces, si sabemos que estamos en desacuerdo con algo que no es crucial —por ejemplo, a mí me gusta la sala verde y a ella la roja— podemos estar en desacuerdo, pero nos respetamos el uno al otro. Por otra parte, cuando tenemos desacuerdos en asuntos cruciales, lo que mejor hacemos es hablar. Lo hacemos con frecuencia y muchas veces en debates que toman tiempo y que a veces se tornan complicados cuando la conversación se pone un poco intensa. Sin embargo, con la comunicación, llegamos a un común acuerdo. Hoy por hoy, Miriam y yo no tenemos ningún desacuerdo crucial en nuestra vida.

TEMOR AL ÉXITO

Aunque suene extraño, hay mucha gente que nunca sale adelante porque le tiene miedo al éxito. Muchos saben que el éxito implica tener que tomar más decisiones, aceptar más responsabilidades, resolver más problemas; así que prefieren vivir sus vidas sin tener esas presiones adicionales. ¡Es triste, pero cierto! Hay algunos que no desean aceptar la presión social que posiblemente podrían tener por parte de sus amigos o familiares al tener una vida de mayor éxito.

El éxito es ir de fracaso en fracaso con gran entusiasmo.

Mark Twain

No quieren contestar a las preguntas que en ocasiones resultan penosas o difíciles de contestar. Por ejemplo, no falta el compadre curioso que siempre pregunta cosas raras: «Pues, ¿cuánto pagaste por ese viaje, compadre?»... Gulp... Tragan saliva y no quieren exponerse al discurso que vendrá una vez que el compadre con menos dinero se dé cuenta de lo que se acabó de gastar su mejor amigo en un viaje, que a él le pareció frívolo e innecesario. Algunas personas prefieren no tener dinero a tener que enfrentar este tipo de situación. Muchos, llegan hasta el umbral del éxito y se echan para atrás porque les parece demasiado grande el paquete. Prefieren mantener el status quo de lo que otros piensan que surgir con sus propios sueños, visiones y logros.

Recuerdo el día que abordé un avión de Aeroméxico en la ciudad de Torreón rumbo a Hermosillo, ciudad al norte de México. Por aquel entonces, yo no era tan conocido como ahora, sin embargo mucha gente ya me reconocía en los lugares públicos. En ese entonces, mis viajes eran casi exclusivamente con la compañía Aeroméxico. Después de viajar frecuentemente con las aerolíneas, éstas le ofrecen al viajero ciertos privilegios, como recibir un ascenso a la sección de primera clase dentro del avión sin ningún costo adicional. Ese día, entre las ciudades de Torreón y Hermosillo me había tocado uno y me sentía muy contento porque no era un vuelo corto.

Después de acomodarme en mi asiento en primera clase, comencé a leer algo, cuando sentí que alguien me tocaba en el brazo y luego me preguntaba si me llamaba «Marcos Witt». Miré a la persona y le contesté que sí con una amplia sonrisa, sólo para encontrarme con el rostro molesto de una mujer joven, delgada y alta con un bolso colgado en el hombro. Después de afirmarle que yo era quien me había preguntado, hizo un ruido despectivo con la boca, se dio la media vuelta y continuó su marcha hacia la parte de atrás del avión, sin decirme nada más. A los minutos de haber despegado, me entregó la asistente de vuelo una hoja de papel, explicándome que venía de parte de una pasajera en la parte de atrás. ¡Ya se lo imaginan! Era de nuestra amiga la molesta.

En su carta, esa jovencita me atacba severamente por estar viajando en primera clase. Me decía que le resultaba imposible pensar que yo podía estar sentado ahí totalmente despreocupado, mientras muchas de las personas que asistían a mis conciertos y compraban mi música no tenían dinero suficiente ni para pagar sus alimentos. Me reclamaba fuertemente, usando versículos de la Biblia, citando a Jesús cuando dice que para ser grande en el Reino hay que ser siervo (Marcos 10:43), entre otros. Su carta era inquisidora, agresiva y no mostraba ni siquiera una pizca de interés en conocer mi lado de la historia. Ella había llegado a sus propias conclusiones y estaba segura de que yo era un patán.

Su carta me impactó fuertemente. No importó que yo no fuera merecedor de sus ataques. Me dolió, porque siempre he sido muy entregado a la gente y sensible a sus necesidades, especialmente a la gente humilde, porque es entre ellos donde eché mis raíces de niño. Su ataque me hizo sentir tan mal, que inmediatamente dejé de disfrutar ese asiento en primera clase. Me sentí culpable. Me sentí apenado. Le escribí una nota explicándole la razón por la que yo estaba sentado en primera clase, le dije que yo no había «gastado» mi dinero en ese lujo y le pedí que me hiciera el favor de orar por mí. Ya nunca supe más de ella, pero su veneno me había hecho mucho daño. A pesar de que no tenía nada que ver conmigo, permití que la opinión de esa persona me impidiera el disfrutar de un beneficio que me tocaba simplemente por viajar con frecuencia. Cada vez que me correspondía el ascenso, me encontraba sentado en el asiento, mirando al piso, sin ver los rostros de los pasajeros que pasaban, casi con pena de estar sentado allí. ¡Qué absurdo! Era tenerle temor al éxito. Temor a disfrutar de los beneficios que me correspondían como resultado de mi perseverancia y persistencia. Lo más increíble era que el beneficio se lo iban a dar a alguien de todas maneras, ¿por qué no recibirlo yo si me lo daban? Alguien iba a disfrutarlo, ¿por qué no yo? Le puedo asegurar que hace mucho tiempo logré vencer ese temor, gracias a Dios.

Pero, ¿cómo logré vencer el temor al éxito? En primer lugar, porque conozco la verdad y eso me hace libre. Como dijo Jesucristo: «Conocerás la verdad y te hará libre». Yo conozco la verdad acerca de quien soy, de mi vida y de mi entorno y puedo estar tranquilo de que las bendiciones que Dios me da son porque Él es, en su gracia, amoroso y favorable hacia nosotros. Conocer esa verdad, me ha dejado libre de la crítica de personas que no la conocen, porque la mayoría de las personas que nos critican no conoce nuestra realidad. En segundo lugar, entiendo que todo el mundo tiene su propia opinión y ellos tienen ese derecho. Yo no puedo forzar a que la gente piense lo que yo quiero que piensen. Eso me ha dado tranquilidad a la hora de disfrutar del éxito que Dios me ha dado.

No debemos temerle al éxito, simplemente porque hay personas que creen que no debemos tenerlo. Debemos ser excelentes en lo que hacemos, diligentes en llevar a cabo nuestras tareas, perseverantes en cumplir nuestros objetivos para alcanzar nuestros sueños, sin importarnos la opinión de las demás personas; porque al fin de cuentas, ellas tendrán su propia opinión de todas formas. Si es buena o mala, no nos debería afectar. Recuerde: los que verdaderamente nos aman y están en relación con nosotros, serán las personas que vendrán a darnos un punto de vista que posiblemente nos pueda ayudar (crítica constructiva), pero las opiniones de aquellas personas que ni nos conocen ni saben nada acerca de nuestra realidad, es basura que podemos deshechar sin darle un momento más de nuestro pensamiento.

Un buen día, meses después, me quedó claro que el asunto de la señorita que me había regañado esa mañana en el vuelo de Aeroméxico era un problema de ella, no mío. Pude, finalmente, poner esa carta en un archivo recluido de mi mente y seguir adelante sin ningún problema. De hecho, ahora, cuando me toca recibir mi ascenso a primera clase y están entrando las personas al avión, las miro a los ojos y no me resulta un problema que sepan que viajo en primera clase, porque yo conozco la verdad y eso me da libertad. Espero nunca más estar en una situación donde la opinión de otra persona me impida disfrutar los beneficios del trabajo, que me han costado muchos años en conseguir. Haga usted igual.

Temor a ser imperfecto

Nadie es perfecto, aunque muchos estamos tratando de alcanzar la perfección. Dice la Biblia que no hay uno solo justo o perfecto (Romanos 3:10), solo Jesús es perfecto. Lo mejor que podemos aspirar usted y yo es a seguir luchando con las partes negativas de nuestro carácter, puliendo nuestra personalidad y llegar a ser lo más parecido posible a Nuestro Señor Jesús. La doctora Cristina Ruiz de Coloma escribió un libro llamado *Atrévase a no ser perfecto*, que, entre otras cosas, habla de los problemas que se suscitan cuando las personas tratan de alcanzar una perfección absoluta en sus vidas. Nunca podremos, como mortales humanos, aspirar a tener absoluta perfección. Es importante tener un deseo continuo de mejorar, pero cuando ese deseo nos lleva a un perfeccionismo rígido, surgen serios problemas porque dejamos de gozar de la vida, de los amigos y de los logros, en un constante afán de mirarle todos los errores a lo que hemos hecho y a lo que hacen otros. La doctora Ruiz de Coloma escribe: «La persona rígidamente perfeccionista sufre problemas, se siente frustrada, triste, irritable e insegura, y vive mal porque realiza las tareas repetidas veces en un intento de mejorarlas, y siente un profundo desasosiego debido a lo que considera como una imperfección, la cual lo lleva a continuar actuando para encontrar un alivio inmediato». En otras palabras, viven vidas frustradas porque todo lo miden con una medida imposible de alcanzar. Por cualquier cosa que no haya sido de su agrado, se les echa a perder toda la experiencia. Eso es un estado enfermizo.

Me encanta el concepto de la doctora Ruiz de Coloma: «Atrévase a no ser perfecto». El día que entendamos que no somos perfectos y que por ende cometeremos errores, será un día muy feliz en nuestras vidas. Gozaremos de la realidad de que no todo lo que hacemos saldrá bien, pero de la misma manera lo podremos disfrutar. Disfrutaremos del esfuerzo de la planeación, la ejecución, el desarrollo y el resultado del proyecto. Si no sale todo a la perfección, por lo menos podemos decir que hicimos nuestro mejor esfuerzo. Tratar de ser perfectos, en efecto, es predisponernos al fracaso. En las palabras de la doctora Ruiz: «Buscar lo perfecto equivale en cierto modo a fracasar, porque el objetivo marcado nunca se alcanza». No le tenga miedo a la imperfección. No se deje vencer por el perfeccionismo.

TEMOR A HACER EL RIDÍCULO

En el capítulo 2, hablamos de temores y fobias comunes entre la mayoría de las personas. Una de las más comunes es el temor a hacer el ridículo. Se llama fobia social. Muchos de nosotros hemos perdido la oportunidad de lograr grandes sueños por tener miedo a convertirnos en el «hazmerreír» del público. Sin embargo, si nunca corremos el riesgo, como con todos los demás temores que hemos analizado, nunca podremos llegar a lograr muchas de las cosas que hemos soñado. Necesitamos pedirle a Dios que nos ayude a vencer este temor para que no nos impida el cumplimiento de nuestros sueños. Si hay algo mucho más profundo y arraigado en su vida, busque ayuda, pero no deje que este temor le detenga.

Un buen antídoto para este temor es hacer que las personas se rían de uno. Creo que esta es una de las características más saludables que todas las personas podemos poseer. No nos tomemos a nosotros mismos tan en serio, que no perdamos la habilidad de reconocer cuándo es un buen momento para reírnos de algo que hayamos dicho o hecho. Practique mirándose al espejo y riéndose de sí mismo. Dígase cosas que lo ayuden a no tener una actitud tan seria en cuanto a sí mismo. Aquellos que se toman tan en serio son personas que nunca disfrutan de la vida. Ría, goce, que la vida es divertida. Esa actitud lo ayudará a que en el momento que de pronto usted haga el ridículo, le sea más fácil reírse y salir adelante, en lugar de ir a esconderse a un rincón oscuro, amargándose por el resto de su vida. No se amargue: ríase. No se esconda: ríase. No se sienta mal: ríase.

«Pero», usted dirá, «todo el mundo se rió de mí». Entonces, reenfoque su pensamiento de la siguiente manera: «Qué bueno que tuve la oportunidad de que las personas tuvieran un momento de sosiego y alegría a costa mía. Qué bueno que he tenido la oportunidad de traer algo de gozo a los corazones de la gente». En lugar de sentirse mal o amargarse, convierta el ridículo que usted hizo en algo positivo. Usted saldrá beneficiado, se lo aseguro. No le tenga miedo a hacer el ridículo. Todos lo hacemos en algún momento u otro de nuestra vida.

Un ejemplo extraordinario

Una de las personas que más me ha asombrado al estudiar su vida es José, el Soñador. Su biografía la encontramos en La Biblia, en el libro de Génesis, capítulos 30 al 50. Es una historia de perseverancia ante algunos de los obstáculos más grandes a los que un individuo haya tenido que enfrentarse. Es una historia de absoluta determinación, de supervivencia y aferramiento a un sueño. Es una historia que debería inspirarnos a usted y a mí a no abandonar el camino a la mitad, sino de seguir caminando hasta llegar al cumplimiento de nuestro sueño.

En el caso de José, él no permitió que nada lo detuviera, a pesar de que algunos de los obstáculos que se le presentaron fueron más grandes que la mayoría de los que nosotros tendremos que experimentar en toda nuestra vida. Quizá es cierto que algún lector haya pasado cosas similares, pero le aseguro que es la excepción y no lo normal. La mayoría de nosotros, nunca ha tenido que vivir las cosas que vivió José, el soñador. José fue ridiculizado y burlado por sus hermanos, que no solamente no creían en sus sueños, sino que le hacían bromas e insultos al respecto. En voz fuerte y audible, se aseguraban de que todo el mundo supiera que la opinión colectiva de los hermanos hacia su hermanito menor no era buena. Imagínese cómo se ha de haber sentido José y, sin embargo, no se dio por vencido.

Un día, los hermanos tramaron contra él y lo metieron en una fosa. Tomaron la túnica multicolor que le había hecho el papá, mataron una ovejita y bañaron su túnica de sangre, para luego contarle la mentira al padre de que su hijo había sido devorado por un león. Algunos de sus hermanos pensaron hasta en matarlo. No me puedo imaginar cuánta era la frustración de los hermanos con José para que los llevara a tomar decisiones tan radicales y feas. ¿Qué daño les habrán causado los sueños de José como para ameritar esa clase de respuesta?

Obviamente, sus acciones y decisiones nos indican la mezquindad, la mala actitud y el mal estado del corazón que reinaba en el corazón de esos muchachos.

Finalmente, en lugar de matarlo, uno de los hermanos convenció a los demás que sería mejor negocio venderlo. De esa manera, José llegó a Egipto como esclavo, lejos de su casa, de su papá y de su familia, pero con sus sueños cerca de su corazón. Pasó de ser el niño preferido de su casa a ser esclavo en una tierra lejana, con costumbres totalmente distintas a las que él había conocido mientras crecía, con una comida muy distinta a la que él estaba acostumbrado. Todo era diferente. Una prueba como ninguna. Sin embargo, no se dejó vencer por las circunstancias. Continuó conquistando sus alrededores consiguiendo lo mejor para él.

José era de una talla tan extraordinaria que no pasaba mucho tiempo en un trabajo antes de que terminara siendo el encargado. En la casa de Potifar, su dueño, llegó a ser el mayordomo. José era una persona tan extraordinaria que nunca permitió que el rechazo, la burla, la crítica ni ninguna otra cosa lo detuviera de ser el mejor en cualquier actividad a la que se dispusiera. Eso es sobreponerse a las circunstancias, esclavizándolas en lugar de permitir que las circunstancias nos esclavicen. Pero la historia de José no terminó con ser mayordomo en la casa de Potifar, sino que de nuevo tendría que enfrentarse a la calumnia, la mentira y el engaño. Resulta que la mujer de Potifar tenía deseos incorrectos con el joven José e inventó una calumnia cuando éste no cooperó con sus deseos. De haber ocupado la posición de mayordomo de la casa, de nuevo José se encontraba en el ridículo y el abandono, sólo que esta vez, en lugar de estar en una fosa seca en el

desierto cerca de la casa de su papá, estaba en una cárcel egipcia lejos
de todos los que amaba. Solo, esclavo, calumniado, rechazado, enga-
ñado y resignado a las misericordias del encargado de la cárcel. Cualquier otra persona habría usado esa ocasión para darse por vencido, y
olvidarse de sus sueños. Pero, no José.

Al poco tiempo, el mayordomo de la cárcel le había dado trabajo. Era un ser humano tan sobresaliente que cada oportunidad la
tornaba en una ocasión para salir adelante. En lugar de lamentar su es-
tadía en la cárcel, José veía de qué manera podía mejorar su situación.
Veía qué podía hacer para ocupar su tiempo, mejorar sus talentos, y
adquirir más conocimientos. No dejaba que las circunstancias lo detu-
vieran, sino que se montaba a cada desafío y le sacaba el mayor prove-
cho posible. José no dejaba que las circunstancias lo cambiaran a él,
sino que él siempre cambiaba sus circunstancias. En menos de lo pensado, José se había convertido en el encargado de la cárcel. Eso es a lo
que se llama sobreponerse. Eso es no dejarse vencer.

Como todos nosotros, José pudo haber permitido que el rechazo, la mentira, el engaño, la calumnia, el odio, los celos y el rencor
que le tuvieron las personas a su alrededor, le impidieran realizar sus
sueños. Sin embargo, no lo permitió. En lugar de permitir que esas
fuerzas negativas lo dominaran, José se sobrepuso a ellas y surgió. Y
¡vaya cómo surgió! Al paso del tiempo, se enteraron que en la cárcel
existía un joven fuera de lo normal que poseía dones extraordinarios.
Cuando el faraón lo mandó a llamar, José, sin saberlo, estaba posicio-
nado para vivir el momento más extraordinario de su vida. Todos esos
años de rechazo, odio, rencor y mentiras estaban por culminar en el
puesto de mayor importancia que un hombre de ese tiempo podía po-

seer. Al llegar a ser la persona más poderosa, después del Faraón, José se convertiría en la persona que no sólo rescataría al pueblo egipcio de una gran hambre, sino a muchos países a su alrededor, siendo uno de los mayores ejemplos de mayordomía y liderazgo que la historia jamás haya conocido. ¿Cual fue su secreto? No dejar que las circunstancias lo vencieran. Seguir venciéndolas con su fe inamovible, entrega absoluta y determinación total a no dejarse vencer, sin importarle el tamaño del desafío.

Si de algo nos sirve este ejemplo, debe ser para ayudarnos a aprender a sobreponernos a las circunstancias adversas que se nos presentan en la vida. Todos las tenemos que soportar. Todos las tenemos que enfrentar. Desafortunadamente, no todos respondemos positivamente ante ellas. Algunos, cuando nos enfrentamos con el rechazo, el fracaso, la calumnia y la crítica, en lugar de permitir que nos haga mejores personas, huimos a un rincón oscuro y dejamos que la amargura se apodere de nuestro pensamiento. Otros, en lugar de verter su creatividad en una fuerza positiva que los lleve a conclusiones positivas, vierten su creatividad en una serie de pensamientos vengativos y oscuros que sólo los sumen más en la oscuridad vertiginosa de su encadenamiento total. ¡No sea usted una de esas personas! ¡Surja! ¡Salga adelante! Sobrepóngase a todas las situaciones adversas que le ha traído la vida y no se deje vencer.

Independientemente de la escala de su temor, ¡existe ayuda! Dios está de su lado. Su Espíritu Santo lo ha enviado para ayudarnos a salir adelante. Hay personas que nos rodean, que nos aman y estarían dispuestos a cualquier cosa con el fin de vernos salir adelante. Piense en esas personas y no se deje vencer por sus temores. Si su temor es arraigado o profundo, busque ayuda. No será difícil conseguir un consejero profesional que lo ayude a desenredar los pensamientos para que usted pueda salir triunfante.

Al final, se le cumplieron todos los sueños a José. Se cumplieron aun más allá de lo que él se había imaginado y definitivamente ante la sorpresa de todos sus hermanos, que vivieron el tiempo suficiente para ver realizados los sueños de su hermanito menor. Habían cometido el error de catalogar de loco a José, sin saber que él era un soñador persistente, con un carácter excelente, entregado a la idea de que las circunstancias le servían a él, no él a las circunstancias. ¡Lo mismo haremos usted y yo! Nos sobrepondremos a todos nuestros temores, los pondremos bajo nuestro control y surgiremos adelante en la vida, victoriosos en nuestros sueños y triunfantes en cada uno de nuestros anhelos. Con esa clase de determinación, y con la ayuda de Dios, ¡no hay forma de fracasar!

Para reír

Un ladrón se mete en una casa a robar a la media noche. Entra por una ventana y, cuando está adentro en la oscuridad, oye una voz que dice:

—¡Jesús te está mirando!

Entonces, el ladrón se asusta y se detiene. Luego como ve que no ocurre nada, continúa. De nuevo la voz le dice:

—¡Jesús te está mirando!

El ladrón, asustado, prende la luz y ve que la voz venía de un loro que estaba en una jaula, y el ladrón le dice:

—¡Ahhh, qué susto me diste! ¿Cómo te llamas, lorito?

Y el loro le responde:

—Me llamo Pedro.

—Pedro es un nombre extraño para un loro.

Y el loro le contesta:

—Más extraño es el nombre de Jesús para un doberman.

Preguntas para reflexionar

1. ¿Me intimidan los riesgos, los retos y los desafíos?

2. ¿Cuántos sueños he dejado de alcanzar por causa del temor?

3. ¿Qué debo hacer para dejar de cuestionarme cada vez que se me presenta una oportunidad de alcanzar el éxito?

4. ¿Cuál es el temor que me está intimidando y paralizando?

5. ¿Le temo al fracaso o al éxito?

6. ¿Le temo al rechazo y me siento inferior?

7. ¿Le temo a la burla, a la crítica, al qué dirán, a ser imperfecto y a hacer el ridículo?

8. ¿Qué cosas puedo empezar a aprender de las malas experiencias, el rechazo y la crítica que he recibido?

9. ¿De qué forma puedo comenzar a transformar mis fracasos en victorias?

Oración

Señor, ayúdame a caminar con fe, creyendo que puedo lograr todo lo que me proponga. Dame el coraje para pagar el precio del riesgo. Quiero comenzar a tomar decisiones en pro de mis sueños. Ayúdame a tomar decisiones sabias, a asumir mis responsabilidades y compromisos y a resolver los problemas correctamente. Te pido que no me dejes rendir. Ayúdame a ser indiferente a todo lo que no me edifica ni me conviene. Llévate todo el desánimo. Enséñame a transformar mis fracasos en grandes victorias. Gracias porque me fortaleces y me has prometido que contigo todo lo puedo alcanzar.

CAPÍTULO SEIS

Hace falta el amor

La valentía es contagiosa. Cuando un hombre
valiente adopta una posición firme,
las espaldas de otros se enderezan.

B. GRAHAM

Crecí en la ciudad de Durango en el estado de Durango, al norte de México. Mis papás no tenían mucho dinero, pero siempre hicieron un gran esfuerzo para proveernos con lo mejor que estaba a su alcance. Mi niñez está llena de lindos recuerdos de excursiones familiares, días de campo, viajes para visitar a nuestros familiares y otras actividades que mis papás, en sus ratos libres, siempre se esforzaban por darnos. Ellos creían mucho en que los lazos familiares se fortalecían al pasar tiempo de esparcimiento juntos. Casi cada semana, se planeaba algún tipo de actividad para que la familia estuviera junta. Sin duda, el paseo que más nos gustaba era visitar la bella ciudad de Mazatlán, situada justo donde el gran Océano Pacífico converge con el Mar de Cortéz. Es algo que sólo hacíamos, cuando mucho, una vez por año. Se llegaba al puerto por una sinuosa carretera llena de curvas y era un viaje de aproximadamente 300 kilómetros que duraba un poco más de seis horas, pasando por la gran Sierra Madre Occidental, con sus impresionantes valles, cúspides y el famosísimo «Espinazo del diablo», un conjunto de montañas que parecía una espina dorsal. Me imagino que por lo peligroso de esa sección de la carretera y la cantidad de gente que se había accidentado a través de los años, le pusieron ese nombre. A mí no me gustaba el viaje porque siempre me enfermaba. A menos de dos horas de salir de la ciudad de Durango, yo ya estaba vomitando. Pero me gustaba mucho llegar. Una vez en Mazatlán, nos encantaba estar en la playa, gozando del sol y la arena.

Mi papá, de joven, había estado en la marina así que sabía nadar muy bien y nos enseñó a surfear las olas usando nuestro cuerpo como tabla. A mis tres hermanos y a mí nos encantaba esta actividad. Todos los días, nos preparábamos con mucha expectativa para regresar a la playa, meternos a las olas y seguir mejorando nuestra destreza de surfear olas con el cuerpo. Mi hermano, Jerry, era dos años mayor que yo, mucho más alto y sin duda alguna, de los tres muchachos, el mejor en surfear las olas. Mi mamá no nadaba. Ella se quedaba a la orilla del mar, leyendo, descansando o jugando con mis hermanitas en la arena o el agua. De vez en cuando, ella metía los pies en el mar, pero nunca vi que el agua le subiera más arriba de sus rodillas.

Jamás olvidaré cuando un viaje en particular, había celebrado mi cumpleaños número 10. Varias cosas inolvidables sucedieron en ese viaje. Primero, para mi cumpleaños, mis papás me regalaron mi primer reloj. Lo segundo inolvidable fue un *pay* de limón con merengue que compró mi papá para celebrar mi cumpleaños que sabía tan horrible que terminamos tirándolo al bote de la basura. Hasta la fecha, la familia entera no ha dejado de reírse a carcajada abierta cada vez que recordamos ese horroroso *pay* de limón. Pero lo que más recuerdo de ese viaje fue el amor incomparable que mostró mi papá hacia mí en un extraordinario acto de valentía, fe y coraje. Una mañana salimos a la playa a seguir nuestra aventura de surfear olas con el cuerpo. Mis hermanos y yo esperábamos ansiosamente hasta que mi papá estuviera listo para entrar a la oleada con nosotros.

Cuando al fin entramos al mar, nos dimos cuenta que ese día, en el piso del mar había algo diferente a lo que normalmente experimentábamos. Eran una especie de valles ondulados que corrían paralelo a la playa, espaciados a uno o dos metros el uno del otro, con una profundidad de no más de medio metro, y que al cruzarlos, el piso volvía a estar nuevamente a nivel. Habíamos cruzado dos o tres de estos «valles» lo cual nos hizo sentir bastante confiados al seguir caminando mar adentro, donde se encontraban las olas buenas y grandes que queríamos surfear. De pronto, nos traicionó el piso del mar. Pensando que habíamos entrado a un «valle» más, mi hermano mayor y yo nos dimos cuenta, demasiado tarde, de que ya el piso no volvía a su nivel. En menos de segundos nos encontramos en aguas que nos cubrían el cuerpo entero mientras el mar rugía a nuestro alrededor con furia. Cuando supe lo que estaba pasando, me desesperé. A pesar de que sabía nadar bien, la angustia del momento me hizo tomar una decisión equivocada: pelear contra la marea, en lugar de ponerme encima y nadar con la corriente. No duró más que unos cuantos segundos la pelea contra la marea cuando empecé a sentir cansancio. La desesperación de estar en esa situación tan peligrosa me agotó todavía más y comencé a gritar: «Papá, papá... auxilio...» Mi hermano mayor también gritaba. Cuando mi papá se dio cuenta que teníamos problemas, acudió lo más rápido posible a nuestra posición. Comenzó empujándonos a los dos, primero a mí y luego a mi hermano. Empujaba a uno y luego al otro, por turnos, una y otra vez. Como Jerry era más alto que yo, llegó más pronto a tierra firme y comenzó a caminar hacia la playa. Sin embargo, yo estaba en peligro. Me había cansado. Estaba más desesperado. Golpeaba fuerte contra el agua y mi papá me gritaba que tratara de levantarme encima del agua y poner mi cuerpo como «acostado» sobre el agua en lugar de seguir tratando de tocar el fondo, como lo estaba tratando de hacer. Él seguía empujándome y jalándome hacia la playa, hasta que al fin llegué a piso firme y pudimos salir del agua. Nunca lo habría logrado sin mi papá.

No puedo describir lo que sentí en el momento en que la mano de mi papá tocó mi brazo cuando me encontraba en la absoluta desesperación aquella mañana memorable de mi vida. Fue un toque de esperanza. Fue un toque de amor. Fue un toque que me dio fuerzas, ánimo y deseos de seguir luchando, a pesar de lo difícil que parecía la situación. El amor de mi papá espantó el temor que yo estaba sintiendo. Literalmente, cuando sentí su mano en mí, pensé: «Ya todo está bien. Llegó mi papá. Saldremos de ésta». No supe hasta mucho tiempo después que mi papá había dudado de nuestra situación. La marea había estado tan fuerte y la contracorriente jalaba de una manera tan bestial que nos arrastraba a los dos con furia determinada. Mucho tiempo después escucharía a mi papá decir que en el momento de estarme rescatando, él mismo dudó de nuestra situación, pero que había decidido que pasara lo que pasara, no me abandonaría por nada. Cuando le oí decir eso, sentí algo que me conmovió hasta lo más profundo de mi ser: amor. El perfecto amor que echa afuera el temor.

El mundo sería un lugar mucho mejor si abundara esa clase de amor. Si cada uno de nosotros tuviera el privilegio de experimentar en carne propia el tipo de amor que me mostró mi papá aquel día en el Océano Pacífico, el mundo sería más compasivo, más amable, más seguro.

EL PODER DEL PERFECTO AMOR

Mientras luchaba por mi vida, antes de que mi papá viniera a mi rescate, yo estaba pensando mal. No controlaba mis impulsos. Luchaba, sin éxito, contra la marea. No fue hasta el momento en que llegó el amor, que sentí la seguridad que trae. Fue en ese momento que mis pensamientos comenzaron a tomar un rumbo de razonamiento. Escuché las instrucciones y las seguí porque tenía esperanza, sentía el amor de mi papá. De la misma manera, en la vida existen muchísimas personas que deambulan sin rumbo, viviendo en temor, sin tener pensamientos razonables porque no ha llegado el perfecto amor a sus vidas.

El apóstol San Juan, discípulo de Jesús y uno de los más allegados a Nuestro Señor, fue quien escribió las siguientes palabras: «El perfecto amor echa fuera el temor» (1 Juan 4:18). Cuando el escritor utiliza la palabra «temor», se refiere a esa clase de inseguridad que produce el terror, el miedo y el temor ciego, tal como un esclavo se siente cuando es desobediente ante el látigo en las manos de un amo cruel. Donde hay perfecto amor, no existe el temor, porque el amor deshace el látigo. El amor construye la confianza. Cuando existe el amor, no existe el miedo. Las manos amorosas acarician, no golpean. Los brazos amorosos abrazan, no forcejean. El poder del verdadero amor es inmensurable. El resultado positivo que puede tener el amor en el corazón del hombre es incalculable. Lo que hace falta en el mundo, para destruir el temor, es el amor perfecto.

Hay otra expresión que el apóstol San Pablo le dice a su discípulo Timoteo al escribirle su segunda carta: *«Dios no nos ha dado un espíritu de temor, sino un espíritu de poder, de amor y de buen juicio»* (Timoteo 1:7 DHH). Otra traducción de la Biblia usa la palabra «cobardía» en lugar de la palabra «temor». Interesante, porque el temor produce cobardía, es otra clase de temor, uno que nos impide hacer cosas, tener un espíritu de aventura y que nos paraliza ante las posibilidades. A través de esta palabra el apóstol desea animar a Timoteo, ya que como su maestro, es posible que Pablo hubiera determinado algunas de las debilidades de su alumno: la timidez y el temor. Al enseñarle acerca del poder que como seres humanos tenemos, al ser poseedores del «dominio propio», Pablo desea animar a Timoteo a descubrir que no era necesario dejarse dominar por el temor, sino que podía dominarse a sí mismo a través del dominio propio que viene de estar bajo la poderosa influencia espiritual de Dios. El perfecto amor de Dios lo podía ayudar a tener el dominio propio necesario para ser fuerte, vencer el temor y surgir en la vida.

De la misma manera, Dios desea que usted y yo descubramos esa misma enseñanza. Dios desea que sepamos que se puede vivir libre del espíritu de temor, caminar en amor, en poder y en dominio propio. Si permitimos que el verdadero amor de Dios inunde nuestras vidas, nunca más seremos iguales. Nunca más seremos esclavos del miedo, del pánico ni de los temores que quieren invadir nuestra vida. Podemos vivir libres, gracias al perfecto amor de Dios. El temor paraliza a las personas y es un obstáculo que entorpece el camino rumbo a ser un campeón y nos impide alcanzar los sueños que Dios nos ha programado para conquistar nuestra tierra prometida, el sueño de nuestra vida y el destino por el cual Dios nos creó.

En el Antiguo Testamento encontramos la gran historia de la liberación del pueblo de Israel. Por cientos de años habían vivido bajo el reinado esclavizante de los faraones egipcios. Finalmente, gracias al gran liberador Moisés, pudieron salir de esa situación y comenzar el camino rumbo a su Tierra Prometida. La tierra que por mucho tiempo había sido de sus padres, pero que, cuando se mudaron a Egipto, habían perdido control de la misma y ahora la habitaban sus enemigos. Al acercarse a su vieja patria, enviaron a doce espías para que investigaran el lugar que les pertenecía, para saber cuáles eran las condiciones en las que ahora se encontraba y para saber contra qué clase de enemigo tendrían que luchar para volver a conquistar su tierra. Diez de los espías regresaron llenos de temor, paralizados por el miedo, y contando cosas que a su parecer eran obstáculos imposibles de vencer. El temor los afectó tanto que decían que las personas que habitaban aquella tierra parecían gigantes y que era imposible vencerlos. Lograron convencer a todo mundo de que entrar a esa tierra, que de hecho les pertenecía por herencia y sangre, era una tarea imposible y que debían desistir de hacerlo. Solo dos de los espías regresaron con la fe suficiente para entrar y tomar posesión de lo que era suyo por promesa de Dios y por herencia. Sin embargo, esos dos espías, llamados Josué y Caleb, no tuvieron la fuerza suficiente para convencer a todos que podían tomar aquella tierra. Pasarían cerca de cuarenta años antes de lograr ese cometido. Cuando entraron, de los doce espías originales, solo quedaban estos dos gigantes de la fe. Todos los demás murieron en el desierto sin haber probado la Tierra Prometida, como lo hace tanta gente que nunca cumple sus sueños. Prefieren creerle al temor y morir en su desierto personal que atreverse a creer que pueden tomar posesión de lo que Dios les ha prometido regalar: su destino.

Todos tenemos una «tierra prometida» que Dios nos ha preparado, solamente que es necesario destruir cualquier temor que haya en nuestra vida, para dar el paso de fe y poseerla. Muchas personas han visto sus sueños diluirse por el temor que gobierna sus vidas. ¿No entrará usted su tierra prometida a causa del temor? Es importante que sepamos que el temor es una herramienta en manos del enemigo de nuestra alma para detener nuestra bendición. No le tenga miedo al miedo. Destruya el miedo, poniendo el perfecto amor en su vida y verá cómo todo cambiará.

El temor es una mentira

Fue interesante leer acerca de una característica de los leones que yo desconocía. Una de las razones por la que son los reyes de la selva no es por su fuerza bruta, aunque sí la poseen, sino por la inteligencia que tienen para hacer presa a sus víctimas. El león se asocia con las leonas, y utiliza su fuerte y temible rugido para intimidar a la víctima, que al escuchar el rugido, corre al lado opuesto de donde proviene el sonido, donde están las leonas esperando para atacarla. El león no es el que mata a las presas, sino las leonas. El león solo ruge. Nada más. Pero como el rugido del león es tan temible, les funciona la táctica porque siempre el animal huye del sonido del león, sin saber que su fin lo espera pronto al toparse con las leonas que lo están esperando. Si la presa corriera rumbo al rugido del león, el león se confundiría y es muy probable que la víctima saliera con vida. De la misma manera, cuando usted y yo escuchemos el rugir de algún «león» de la vida; un problema difícil, un abandono, una traición o cualquier situación precaria, debemos correr en dirección al rugido, porque el león no nos puede hacer nada. De lo contrario, si huimos del problema, cobardemente, en lugar de salir triunfantes, nos encontraremos con una gran trampa de la cual seguramente no habrá salida.

El apóstol San Pedro escribió las siguientes palabras: «*Nuestro adversario, el diablo, como león rugiente, anda alrededor buscando a quien devorar*» (1 Pedro 5:8). El diablo es como el viejo león que sólo ruge para tratar de asustarnos y hacer que corramos hacia el otro lado. Del otro lado estarán esperándonos sus demonios horribles para destruirnos. Tenemos que recordar que el diablo ya no tiene dientes que muerdan. Lo único que le queda a ese pobre hijo de la maldad es su rugido, porque Jesús lo venció poderosamente, una vez y para siempre, en la Cruz del Calvario.

Me asombré al leer un estudio realizado por la Universidad de Michigan que muestra las siguientes estadísticas acerca del temor:

- El 60 por ciento de los temores no tiene base alguna. Nunca se cumplirán.

- El 20 por ciento de los temores está enfocado en el pasado, y lo vivido en el pasado está totalmente fuera de nuestro control. Ya no hay nada que podamos hacer al respecto.

- El 10 por ciento de los temores está basado en cosas tan insignificantes que no harán una diferencia importante en nuestras vidas.

- Del 10 por ciento restante, sólo el 4 ó el 5 por ciento podría considerarse justificable.

Estas estadísticas demuestran que el 95 por ciento de nuestro tiempo y energía lo invertimos en temores que no producen nada positivo sino que solamente representan una gran pérdida de tiempo. Abandonemos la inútil tarea de estarnos preocupando por cosas que no cambiarán y por las que no hay nada más que podamos hacer. Mejor invirtamos nuestro pensamiento en cosas que sí podemos cambiar, por las que vale la pena meditar y por las que podemos hacer algo.

LA VERDAD DEL PERFECTO AMOR

La mejor manera de deshacer la mentira es diciendo la verdad. Dios dice que en *el amor no hay temor, sino que el perfecto amor echa fuera el temor* (1 Juan 4:18). Para vivir libre del temor necesitamos tener firmemente establecido el amor perfecto de Dios en nuestra vida. Es interesante cómo el apóstol San Pablo nos da las características del perfecto amor en su primera carta a los corintios. Él escribe que el amor es (1) sufrido: una palabra que quiere decir, paciente, templado que sabe esperar. (2) Benigno: el verdadero amor es uno que siempre busca la manera de dar no de recibir. Es generoso. (3) No tiene envidia: los celos y la codicia son dos actitudes que no caben en el verdadero amor. Simplemente no hay lugar para ellas. (4) No es jactancioso: en otras palabras, es humilde. Sabe reconocer lo que otros hacen. Sabe celebrar las victorias de otros. Sabe hablar más de los demás que de sí mismo. (5) No se envanece: no hay egoísmo. No piensa más alto de sí de lo que debe. (6) No hace nada indebido: es correcto. Sabe medir los momentos. Sabe mantener cordura y control de acuerdo al momento. (7) No busca lo suyo: el perfecto amor siempre está asegurándose de que los demás estén atendidos primero. Que las necesidades de otros estén siendo suplidas antes que las suyas propias. Después verá por lo suyo, no sin antes atender a los demás. (8) No se irrita: le da el beneficio de la duda a las personas. Busca la cordialidad, la convivencia. (9) No guarda rencor: se olvida rápidamente de los daños que le han hecho. Tiene memoria corta en cuanto a los errores y las ofensas de los demás. (10) No goza de la injusticia: existe una pena genuina cuando ve que la injusticia gana. Lucha por la justicia. (11) Goza de la verdad: cuando gana la verdad, el amor verdadero ha ganado. (12) Todo lo sufre. (13) Todo lo cree. (14) Todo lo espera. (15) Todo lo soporta. ¡Increíble, pero cierto! Ese es el verdadero amor de Dios. Con razón, el apóstol San Juan comparó esta clase de amor con el amor que destruye el temor. Si todos tuviésemos más amor, el mundo sería un lugar libre de temor.

Cuando el amor perfecto de Dios vive en nosotros, el temor no puede residir en nuestro corazón. Ambos no pueden convivir. Por esa razón necesitamos que el amor de Dios sea una parte vital de nuestra vida. Cuando comenzamos a conocer la naturaleza de Dios, podemos conocer el amor perfecto de Dios. De nuevo, es el Apóstol San Juan quien declara una gran y eterna verdad al decir que *«el que no ama, no ha conocido a Dios; porque Dios es amor»* (1 Juan 4:8). Al obtener ese perfecto amor comenzamos a descubrir la naturaleza Divina. No es hasta entonces que el temor se irá de nuestra vida. Al conocer cómo es Dios, cómo piensa, cómo habla, cómo actúa, el temor tendrá que irse, porque Él es amor, y su verdadero amor echará fuera el temor de nuestra vida.

¿Cómo conocer más a Dios?

1. La primera forma de conocerlo es a través de Su palabra. La Biblia nos enseña acerca del amor de Dios. Es su manual instructivo para la humanidad. Son los pensamientos de Dios para nosotros. Mientras más nos acerquemos a Su palabra, más lo conoceremos a Él, cómo Él funciona, como Él piensa y como Él actúa. Lo más extraordinario es que sus consejos funcionan para una vida práctica. Obvio, Él nos hizo, así que, ¿quién mejor que Él para saber cómo funciona nuestra vida en relación con la creación? Es sólo una de las muchas razones por las que necesitamos acercarnos todo lo posible a Su palabra.

2. También podemos conocerlo al reunirnos lo más que podamos con su familia y al convivir con Sus hijos. Como es el caso de muchas familias, al acercarnos al patriarca, conocermos mejor a los hijos. De la misma manera, cuando nos acercamos a Dios podemos conocer mejor a Su familia. Igualmente, como en cualquier familia, la familia

de Dios tiene un poco de todo. Por ejemplo, podemos estar seguros de que hay esos familiares que siempre hablan en voz alta, se jactan de cosas que nunca hicieron, insultan a los demás, son extrovertidos y generalmente ruidosos. Pero por otro lado, también, como en toda familia, están los hermanos pacientes, amables, que se portan bien y son caballerosos. Sea como sea, son la familia y uno los ama con el amor de familia. Al acercarnos a la familia de Dios, conoceremos más ampliamente cómo es el trato de Dios con sus hijos, conoceremos cómo aprender a respetar y a amarnos mutuamente. Es una gran experiencia, una gran aventura que enriquecerá nuestra vida.

3. Otra forma en que podemos conocer acerca de Dios es a través de la lectura de buenos libros cristianos y escuchando música cristiana y de alabanza a Dios. ¿Por qué? Porque nos ayudan a tener una perspectiva distinta. Los pensamientos de otras personas plasmados en sus libros nos ayudan a ver a Dios desde la óptica de otra persona que también está en una búsqueda continua de conocerlo. La música cristiana puede darnos mucho en qué pensar, además de elevar a nuestro espíritu y corazón en alabanza y adoración a Dios. Todo esto nos acerca a Él y podemos llegar a conocerlo mejor.

4. Otra manera de conocer a Dios es a través de ejercicios espirituales como la oración, el ayuno, la alabanza y la adoración. En la intimidad de la oración, por ejemplo, podemos hablar con Dios y contarle nuestras inquietudes, nuestros sueños, nuestras frustraciones y desavenencias. Por otro lado, el ayuno sensibiliza nuestro espíritu a la actividad espiritual y nos permite tener un oído más abierto a la voz de

Dios. La alabanza y adoración nos permite celebrar, gozar, cantar a quien amamos y disfrutar de una comunión íntima con Él que también se nos acerca, ayudándonos a conocerlo más a fondo.

Al conocerlo y al abrazar su naturaleza Divina, también abrazaremos el amor de Dios. Por lo tanto, nuestros brazos estarán muy ocupados rodeándolo. Nuestro abrazo será tan fuerte y cerrado que no podrá entrar el temor. Si apareciera frente a nosotros, le tendríamos que decir: «Discúlpame, temor, mis brazos están muy ocupados conteniendo el amor de Dios, no te puedo abrazar ahora, así que ¡largo de aquí!».

BENEFICIOS DEL PERFECTO AMOR

Abrazar al perfecto amor trae enormes beneficios a nuestra vida. Si intento escribirlos todos, no terminaría nunca. Haré el esfuerzo de hacer una breve lista de sólo algunos.

1. Confianza

Al abrazar el amor de Dios caminamos confiadamente, sin temor a nada ni a nadie. Por ejemplo, cuando mi esposa camina a mi lado su andar es confiado, porque ella se toma de mi brazo y camina tranquila. De la misma manera, mi seguridad debe estar en Dios, ya que él *es mi luz y mi salvación; ¿de quién temeré? Jehová es la fortaleza de mi vida; ¿de quién he de atemorizarme?* (Salmo 27:1).

2. Seguridad

Sentirse seguro es uno de los grandes desafíos del mundo actual. Especialmente en los últimos años, la inseguridad ha cubierto el globo terrestre debido a diversos incidentes de terrorismo en distintas ciudades del mundo que han tocado, directa o indirectamente, a cada habitante del planeta. Pareciera que a donde quiera que vamos se puede sentir esa inseguridad en el ambiente. Sin embargo, el que ha abrazado el perfecto amor de Dios sabe que una de las promesas que nos ha hecho es la de estar con nosotros sin importar dónde estemos o adónde vayamos. El salmista David lo escribió de la siguiente manera: *si Dios está conmigo; no temeré lo que me pueda hacer el hombre* (Salmo 118:6).

3. Autoridad

El temor no sólo nos paraliza, sino que nos quita el sentimiento de seguridad, haciéndonos dudar de la autoridad que podamos tener en la vida. Cuando no se pisa firme (temor), no se sabe hacia dónde dirigirse (inseguridad). Pero al conocer el perfecto amor de Dios, la seguridad personal y la autoridad comienzan a vislumbrarse de tal manera que nos podemos unir a las declaraciones que hizo el Rey David en una ocasión cuando se sintió amenazado por su enemigo: «*No temeré a diez millares de gente, que pusieren sitio contra mí*» (Salmo 3:6). Es la misma clase de autoridad que sentimos los que hemos abrazado el amor perfecto de Dios.

4. Alegría y gozo

La consternación que a veces trae la vida al vernos rodeados de temor, sintiendo que no podemos controlar el pánico que en ocasiones la vida produce, hace que poco a poco vayamos perdiendo la pasión y la alegría por vivir. Pero, cuando comenzamos a conocer el perfecto amor de Dios, todo puede cambiar, pues existe la posibilidad de llegar a declarar lo mismo que el sabio Salomón cuando escribió: «*Nos gozaremos y alegraremos en ti; nos acordaremos de tus amores más que del vino*» (Cantares 1:4b). No importa lo que el mundo nos pueda tirar, podemos estar confiados de que el perfecto amor de Dios nos sostendrá a través de cada prueba y podremos cruzarlas con alegría y gozo de corazón. De hecho, el gozo del Señor nos da nuevas fuerzas (Nehemías 8:10). Así que, es tiempo de regocijarnos, de alegrarnos y de reírnos a pesar de cualquier cosa difícil que podamos estar pasando.

5. Satisfacción

La gran satisfacción que produce el amor perfecto de Dios nos hace sentir plenos y nos lleva a reconocer que no nos hace falta nada, porque tenemos lo más importante que es Su perfecto amor. Al fin de cuentas el sentirse amado trae plenitud. Esa misma sensación experimentó el autor de *Cantar de los cantares* cuando dijo: «*Yo soy de mi amado y mi amado es mío*» (Cantares 6:3). Hay una gran sensación de satisfacción cuando dos seres se aman.

No le tenga miedo al amor perfecto de Dios. Será sólo el inicio de una vida llena de satisfacción, seguridad, autoridad, confianza y alegría. Si el mundo estuviera lleno del amor de Dios, el temor y el miedo tendrían que huir. No habría lugar para ellos. Recuerde que cuando abrazamos el perfecto amor de Dios, no tendremos espacio para abrazar cualquier otra cosa. No habrá lugar en nuestros brazos para recibir ninguna otra emoción. Ábrase ahora mismo al perfecto amor de Dios.

Para reír

Paco y Lolita tenían 30 años de casados. Por más años de los que Paco podía recordar, Lolita despertaba cada madrugada, alterada, sacudiéndolo para decirle:

—Paco, escuché ruidos en la casa. Hay un ladrón que está caminando por el comedor de la casa. Ve a ver qué sucede.

Entonces Paco se ponía las pantuflas, la bata y bajaba al piso inferior para ver de dónde provenían los ruidos que Lolita escuchaba. Al observar que todo estaba en orden, regresaba a la cama y le decía a su esposa:

—Mi amor, no hay nada.

Año tras año, ocurría lo mismo. Finalmente, una noche se escuchó un ruido y Lolita lo sacudió nuevamente y sobresaltada le dijo:

—¡Paco! Hay un ladrón en la casa.

Como cada noche, Paco se puso las pantuflas, la bata, y bajó por las escaleras. Pero a diferencia de las noches anteriores, había un ladrón revisando los muebles de la casa. Al verlo, el ladrón le dijo:

—¡Déme todo lo que tiene!

Paco tranquilamente sacó la vajilla, los cubiertos de plata, los perfumes, las alhajas y el dinero. Cuando se estaba por retirar, el ladrón le dijo a Paco que no debía moverse y que no llamara a la policía, pero Paco le pidió un favor:

—Señor ladrón, ¿sería tan amable de hacerme un favor?

Intrigado por tal pedido, el ladrón le preguntó:

—¿Qué quiere?

—Por favor, suba un momento al piso superior y salude a mi esposa. Hace 30 años que lo está esperando.

Para reír

Juanito había derramado su taza de leche. Tenía tres años y sus reflejos motores acompañaban a la edad. Pero la constante enseñanza de su mamá debía dar fruto algún día, y ése parecía ser el indicado. El niño había decidido hacerse cargo de las consecuencias de su torpeza y decidió limpiar solito lo que había ensuciado. Corrió a la puerta que llevaba al patio trasero de la casa y de pronto se dio cuenta de que afuera estaba oscuro. El miedo lo invadió, pero no quería demostrarlo. Al ver su mamá lo que estaba ocurriendo le dijo: «Juan, no te preocupes, recuerda que Jesús está en todas partes, aún en la oscuridad». El niño pensó por un momento, asomó la cabecita por la puerta y gritó: «¡Jesús, si estás ahí, por favor pásame el trapeador!».

Preguntas para reflexionar

1. ¿Estoy dominando el temor o estoy dejando que me domine?

2. ¿Qué experiencias traumáticas he vivido que me puedan estar causando temor?

3. ¿Cuál es mi tierra prometida?

4. ¿De qué forma puedo empezar a dar los primeros pasos para vencer el temor?

5. ¿Cuán seguro estoy de tener el perfecto amor de Dios en mi vida?

Oración

Señor Dios, te entrego toda experiencia traumática que haya marcado mi vida y me haya ocasionado temor. Ayúdame a descubrir y a practicar el poder, el amor y el dominio propio del que me has dotado. Quiero conocerte y deseo alcanzar todo lo que me has prometido, por eso te pido que te lleves todo temor. Tú eres mi luz, mi salvación y la fortaleza de mi vida, por lo tanto no hay nada que pueda temer. Gracias, porque tu amor echa fuera todo mi temor.

CAPÍTULO SIETE

Con luz todo se ve mejor

Considero más valiente a aquel que supera sus deseos,
que a aquel que conquista a sus enemigos, porque
la victoria sobre sí mismo es la más difícil.

ARISTÓTELES

Mi primera grabación la terminé en 1986, el mismo año que nos casamos Miriam y yo. Fue un gran momento de alegría que marcó nuestra vida, tanto personal como profesional. Siempre había soñado con grabar y finalmente lo había logrado. En muy poco tiempo, nos sorprenderíamos Miriam y yo de la velocidad acelerada que tomaría mi carrera durante esos primeros años. No lo habíamos esperado, nunca lo pudimos haber pronosticado y, de seguro, no estábamos preparados para ello. A menos de un año de casados, estábamos cruzando todo el país de México, de un lado para otro, cantando y dando conferencias en un sinfín de eventos de todo tipo. Estando recién casados y sin la bendición de tener hijos, nos entregamos a esos eventos con todo nuestro corazón. Esto duró varios años, hasta que nuestra hijita, Elena, cumplió un año de nacida y Miriam finalmente decidió quedarse en casa con la niña y dejar de acompañarme a tantos lugares. Los viajes estaban desestabilizando bastante a mi hija por falta de rutina en su vida infantil. Miriam y yo estuvimos de acuerdo que había llegado el momento en que ella debía decirle adiós a esa vida de viajes incesantes.

Poco después de seis años de haber grabado mi primer proyecto, la cantidad de personas que asistía cada año a mis conciertos y eventos había crecido hasta un número realmente sorprendente. Mis viajes seguían con la misma intensidad de siempre, sólo que las responsabilidades habían crecido. Había fundado nuestra primera empresa, CanZion Producciones, y estaba creciendo a un nivel de locura. En un año, experimentamos un crecimiento de más de un 400 por ciento. Estar al frente de las decisiones diarias causaba un gran estrés en mi persona, además de robarme muchísimo tiempo. Para esas alturas, Miriam y yo tuvimos la añadida bendición de darle la bienvenida a dos de nuestros tres hijos, Jonathan y Kristofer. Con la familia, la carrera y la empresa en crecimiento, comencé a entrar en una crisis personal que duraría, en alguna de sus etapas, casi seis años de mi vida.

No busqué ayuda porque el proceso de esta crisis fue tan sutil y tan lento que nunca me imaginé que llegaría a causarme mayor problema. Además, en el ambiente en el que me movía no existía la cultura de «buscar ayuda». Más bien era un ambiente de producir resultados, de «hacer», de trabajar, de cumplir y de ser responsable. Si uno tenía problemas personales, había que hacer lo mejor que se podía para salir adelante. Así que comencé a sumirme en un estado depresivo que me duraría más de tres años. Esta fue la etapa más difícil de los seis años de crisis. Mi depresión era tan fuerte que en muchísimas ocasiones al regresar a la habitación del hotel donde estaba hospedado, me tiraba en la cama y comenzaba a llorar, en ocasiones violentamente, por largos ratos. Lo más extraño es que en muchas de esas veces, ni siquiera sabía por qué lloraba. Sólo lloraba. En otras ocasiones, lloraba porque había acontecimientos específicos que detonaban el llanto; alguna crítica por parte de alguien, alguna palabra fuerte en mi contra dicha por alguna persona querida por mí, algún error que cometiera en mi programa, etc. Era sumamente susceptible a lo que otros dijeran y pensaran de mí. No me ayudó en nada que por muchos lugares de México me atacaran fuertemente porque mi música era demasiado «contemporánea» para muchas personas y no entendían por qué tenía que emplear ciertos instrumentos musicales para expresar mi alabanza a Dios. Esos ataques venían principalmente de personas que estaban muy arraigadas en su manera de pensar y no estaban abiertas a una nueva forma de expresión hacia Dios. Sin embargo, me dolieron muchísimo sus comentarios y su espíritu juzgador.

Un día me vinieron a contar varios chicos de la congregación cristiana a donde asistíamos Miriam y yo en Durango, que una de las congregaciones locales había anunciado una reunión especial de jóvenes donde estaban invitando a todos a traer sus cassettes (en aquel entonces aún no se había inventado el CD) de Marcos Witt porque durante la reunión de jóvenes de ese preciso sábado iban a tomar todos esos cassettes y quemarlos porque, según ellos, eran inspirados por el mismo diablo. Esa clase de noticias fue la que yo escuché con demasiada frecuencia durante esos años de crisis. Me dolía hasta el tuétano y me fui sumiendo más en mi depresión. Me fui encerrando más. Tenía la sonrisa en la cara, pero el llanto reinaba en mi corazón.

Todo llegó a un punto de culminación, cerca del año 1996. A diez años de estar casado, de haber experimentado uno de los crecimientos más rápidos en la historia de la música cristiana latinoamericana, de haber escrito una nueva historia para músicos y cantantes alrededor de toda América Latina, de haber cantado y hablado a millones de personas en los estadios y lugares más grandes del continente y de haberlo hecho todo a pesar de tener sólo treinta y cuatro años de edad, finalmente llegué a un punto donde no podía más con la carga en mis hombros. No podía seguir llorando cada noche después del concierto. No podía seguir sonriéndole a todo el mundo y negando que mi corazón se estaba partiendo en dos. Necesitaba ayuda. En ese entonces Miriam conocía ya de mi lucha, no porque yo se lo hubiera

contado, sino porque una noche, desesperada, entró a nuestro dormitorio en la casa donde vivíamos y me preguntó por qué estaba yo tan
triste. Traté de negar lo que me estaba pasando, sin ningún efecto. Ella
insistió en una respuesta. Yo sabía que era hora de empezar a hablar.
Gracias a Dios y a Miriam, quien me forzó a hablar, finalmente me
abrí a la necesidad que tenía de ayuda. Fue el inicio de una maravillosa historia de ayuda, recuperación y reintegración. Una historia
que continúa hasta la fecha, porque gracias a Dios, he entendido
que no es algo que pasamos una sola vez en la vida, sino que tenemos
que estar en guardia continuamente para que no nos vuelva a suceder. Hasta el día de hoy, participo de ciertas actividades con el fin
de no volver a caer en esa condición en la que me encontraba a fi-
nales de 1996.

   ¿Cuál fue el proceso de recuperación? Sacarlo todo a la luz. Así
de sencillo. Con luz, todo se ve mejor. Mientras yo insistiera en vivir
en esa tiniebla de depresión, dolor y angustia, nunca podría salir adelante. Probablemente, estaría todavía hoy tratando de existir con la
sonrisa por fuera y el dolor por dentro. Pero ¡qué difícil es vivir de esa
manera! No hay mejor manera de vivir que tener una trans-
parencia absoluta y dejar que la luz penetre en cada parte de nuestra
vida. Estoy convencido de que hay millones de personas que viven
abrazados al temor porque no dejan que la luz penetre en su interior.
La oscuridad es el incubador del temor. Si nos mantenemos en las
sombras, siempre estaremos expuestos a sus artificios.

   Lo primero que hice fue visitar un consejero que me ayudara a
desenredar las telarañas que tenía en la cabeza. Esto es, sacar las cosas
a la luz. Él me ayudó a entender cómo era que yo había reaccionado

ante ciertos acontecimientos en mi vida que me llevaron a vivir en ese estado depresivo todos esos años. También me ayudó a caminar por el duro proceso de perdonar a los que me habían afectado y a pedir perdón a los que yo había dañado (esta parte fue muy difícil). Todo eso expuso la mentira a la luz. La mentira en mi vida era que «todos» me odiaban. Eso no era cierto, pero me lo había empezado a creer. Al sacar esa mentira a la luz, empecé a darme cuenta de que eso era sólo producto de mi imaginación. Lo que la luz hace es exponer todas las mentiras y mostrar la verdad. Otra verdad que tuve que confrontar fue que con mi actitud y negativismo había dañado a mucha gente y tuve que destruir la mentira de que yo estaba «justificado» en hacerlo por x o z. Tuve que enfrentar la cruel y difícil realidad de que nadie es responsable por mi maltrato a las personas, más que yo mismo. También tuve que sacar esa mentira a la luz. Como se pueden imaginar, fueron días extremadamente difíciles para mí, antes de que finalmente comenzara a ver la luz al final del túnel. Pero cuando empecé a ver esa luz... ¡No le puedo describir la libertad que comencé a experimentar! ¡Es indescriptible! La luz expone al temor. El temor no puede convivir con la luz. Tenemos que caminar en la luz, porque con luz, todo se ve mejor.

Hace algún tiempo atrás, Miriam y yo participamos en un encuentro espiritual junto a varias personas de la congregación de la que somos pastores. Una de las actividades tenía que ver con caminar a un lugar remoto donde habíamos prendido una gran fogata. Teníamos que caminar por un pequeño bosque y cruzar un puente que estaba por encima de un riachuelo hasta llegar al lugar de la fogata. No podíamos encontrar una linterna eléctrica para alumbrar el camino y como yo había pasado por ahí más temprano durante el día, pensé que podría encontrar el camino sin mucho problema, así que nos decidimos a ir sin la linterna. A la distancia, podíamos escuchar a la gente hablando y se veía la luz tenue de la fogata. Pensé que era tan sencillo como seguir el ruido de la gente y fijar la vista en la luz que emanaba del fuego y ya, ¡llegaríamos! No fue tan sencillo.

Eran alrededor de las 11 de la noche y estaba muy oscuro. Cuando digo «oscuro», realmente no lo digo todo. Estaba más que oscuro, tanto que no podíamos ver la mano frente a la cara. Mi esposa me tomaba fuertemente del brazo porque la oscuridad era tan profunda que no podíamos ver ni siquiera nuestros pensamientos, mucho menos el camino. El temor comenzó a asomar en ella, quien a cada paso declaraba que tal vez nos cruzaríamos con algún lagarto perdido que saldría a nuestro encuentro. Comencé a exagerar que quizás habría tigres y leones dispuestos a devorarnos. Miriam siguió insistiendo que nos encontrábamos en área de lagartos y que deberíamos esperar hasta tener una luz para seguir nuestro camino rumbo a la fogata. Siguió insistiendo tanto que me metió la duda en la cabeza también y pensé que en cualquier momento nos atravesaríamos con uno de esos reptiles desagradables. Gracias a Dios, finalmente nos alcanzó uno de nuestros compañeros con una linterna y de ahí en adelante pudimos caminar con mayor seguridad. Ya nos imaginábamos a los lagartos esperando en la orilla del caminito, listos para merendar carne humana. Ahora ¡podíamos ver!

Esto es algo muy similar a lo que ocurre cuando se camina en la oscuridad espiritual. El temor nos invade y nos lleva a pensar cosas que probablemente nunca ocurrirán. Quizá nos estemos imaginando lagartos espirituales atravesándose en nuestro camino, listos para terminar con nuestra existencia, de una vez por todas. Por esa razón, es indispensable caminar en la luz para poder transitar en la vida con paso firme y seguro. La mejor manera de quitarnos el temor es destruyendo las tinieblas en nuestro camino. No hay mejor cosa que simplemente «...andar en la luz como él está en la luz». (1 Juan 1:7)

La vida es una aventura en la que cada día se da apertura a nuevos triunfos y victorias, pero que también trae desafíos y obstáculos. Si alguna vez le dijeron que le presentarían la solución a su vida a través de la cual todos sus problemas se irían, le contaron una fantasía. Simplemente la vida no funciona así. Si alguna vez le dijeron que entregando su vida a Dios todos sus problemas desaparecerían y que nunca más tendría ninguno, le contaron una gran mentira. Sin embargo, aquellos que hemos encontrado a Dios en el camino de nuestra vida podemos declarar palabras de esperanza para el que no la tiene. Dios es una gran luz que nos ayudará a caminar confiados, porque los obstáculos, los temores, la duda y la zozobra quedarán expuestas a su gran luz, ayudándonos, de esta manera, a vivir una vida libre de temor. Las buenas noticias también incluyen el hecho de que tenemos un gran aliado que nos ayudará a caminar confiados: Jesucristo, Nuestro Señor. Él fue quien dijo: «Yo soy la luz del mundo, el que me sigue a mí no andará en tinieblas, sino que tendrá la luz de la vida» (Juan 8:12). Cuando caminamos en la luz no hay manera de tropezar dado que nuestro paso será firme y seguro. El Señor mismo es quien afirma nuestros pasos cuando le agrada nuestra manera de vivir (Salmo 37:23 [NVI]).

Obstáculos en el camino

Al comenzar a transitar el camino de la vida descubriremos que existen obstáculos que se presentan y que tendremos que deshacer para poder avanzar. Esta verdad me llevó a realizar un estudio acerca de cuáles son algunos de los obstáculos de la vida que nos invaden de temor. Al investigar al respecto, identifiqué dos impedimentos principales. El primer obstáculo que trae temor e inseguridad tiene que ver con la práctica de hábitos impuros y maneras de pensar que nos mantienen en la oscuridad. El segundo obstáculo tiene que ver con las memorias de nuestro pasado. Para comenzar enunciaré algunos de los hábitos que tal vez consideremos como normales en nuestra vida y puedo asegurarle que no lo son:

Fraudes, estafas, negocios fraudulentos

La práctica de los fraudes y los negocios turbios forman parte de la vida cotidiana de muchas personas. No hay nada más terrible para un hombre de negocios que entrar en pánico mientras está practicando negocios oscuros. Nunca sabe cuándo lo van a descubrir ni cómo lo harán. Su camino no será firme mientras ande en esta clase de tinieblas.

Hace algunos meses un hombre al que conocía vino a hablar conmigo porque reconocía tener un grave problema y necesitaba ayuda. Durante muchos años se había dedicado a defraudar a varias personas, muchos de ellos sus familiares. La suma de lo que les había robado superaba decenas de miles de dólares. Mi amigo se encontraba en un alto estado de tensión porque sabía que su conducta había sido incorrecta. Vivía con el constante temor de que algún día lo descubrieran y le aterraba pensar qué pasaría con él y su familia si sus acreedores tomaban algún tipo de acción contra ellos. No hacía mucho tiempo que había entregado su vida totalmente a Dios y estaba asistiendo semanalmente, con su familia, a nuestra congregación en Houston. Gracias a Dios, pudimos ayudarlo y hoy día, tomó la decisión de sacar todo a la luz, de darle el frente a su situación, de mirarles a los ojos a aquellas personas y familiares que había defraudado y a comenzar el camino de la restitución. Me quito el sombrero ante este gran hombre. Requiere mucha valentía tomar esa clase de decisión. Caminar en la luz no es para los de corazón débil. Lo que tengo claro es que al comenzar a transitar por el camino de la luz, Dios restituirá a mi amigo más de lo que se pudo haber imaginado. No hay mejor manera de vivir que estar en la luz. Se va el temor, la duda, la incertidumbre. Mi amigo tiene una sonrisa sobre su rostro que sólo su esposa y él pueden disfrutar en su totalidad. Después de haber vivido en la sombra de su tenebrosa actividad, ahora viven en la luz. Dios recompensa a aquellos que deciden salirse de las tinieblas y comienzan a andar en Su luz.

Por otro lado, hubo un hombre que nos envolvió en un fraude que él estaba llevando a cabo. Todo parecía legítimo al principio, pero no tardamos en darnos cuenta de que nos había arrastrado una corriente de mentira, engaño y robo. Se trataba de automóviles recuperados por el banco. Hubo una época en México, después de la devaluación del 94, en que los bancos tuvieron que recuperar muchísimos autos debido al hecho de que la gente no tenía manera de pagarlos. Había lotes enteros llenos de automóviles casi nuevos que el banco tenía en su haber. Eran literalmente decenas de miles de autos. Alguien nos dijo que cierta persona estaba comprando grandes lotes de estos autos al banco y que los estaba vendiendo a costos sumamente accesibles, dado que el banco se los entregaba a un costo muy por debajo de su valor, con el único fin de deshacerse de los automóviles. Nuestro «amigo» nos aseguró que «tratándose de nosotros» no nos cobraría grandes comisiones sino que nos pasaría los autos a un costo muy cerca de lo que le habían costado a él. Lo único que él requería era un depósito fuerte para poder comprar el auto en la subasta que ofrecía el banco. Allí fue donde las cosas empezaron a tomar un muy mal giro. Muchos de nuestros colaboradores y amigos, sacaron dinero de sus cuentas de ahorro y vendieron algunas cosas con tal de pagar estos grandes depósitos que necesitaba esta persona para cumplir con la entrega de los autos. Cuando comenzaron a llegar los primeros autos, más personas se convencieron de que esto era algo legítimo y se apuntaron también para comprar autos. Mandaban sus depósitos y esperaban. A algunos de nuestros amigos sí les llegaron sus autos, pero en muy malas condiciones: chocados, golpeados y en fin, no en las condiciones que les había prometido la persona que se los había vendido. A otros, simplemente nunca les llegó nada. Pasaba más tiempo, había más llamadas, más inquietudes, más reclamos y nada. No tardamos en darnos cuenta de que, al final de todo, era un fraude y de que este amigo nos había envuelto en una gran mentira en la que perdieron muchísimo dinero mucha gente preciosa, dinero que ellos no tenían. La última vez que pregunté, este individuo era prófugo de la ley y vivía en el exilio. Él, a diferencia de mi amigo en la congregación en Houston, decidió permanecer en la oscuridad, en lugar de ser valiente, sacar todo a la luz y dejar que la luz lo hiciera libre. En lugar de eso, vivirá huyendo el resto de sus días. Huyendo de la ley, huyendo de las personas que defraudó, pero peor que eso, huyendo de lo único que le puede traer verdadera libertad personal: la luz. ¡Qué horrible es vivir huyendo!

Inmoralidad sexual

La inmoralidad y la promiscuidad sexual son otros de los obstáculos que bloquean nuestro camino y nos someten al temor. Conocí a un hombre que tenía tres familias diferentes. Se había envuelto en una telaraña tan extraña que vivía buscando la manera de ocultar una familia de las otras. ¡Qué miserable existencia! Vivir en esa clase de tinieblas es algo que no se lo deseo a nadie. El día que este hombre falleció, qué gran problema surgió cuando al funeral asistieron dos de sus tres mujeres. Le puedo asegurar que no fue una escena nada agradable. Ambas mujeres siempre tuvieron la sospecha de que la otra existía, pero nunca lo habían podido comprobar hasta esa tarde estando al lado del féretro en el camposanto. Al lado de una señora estaba un muchacho de unos 14 años que era idéntico al padre que estaba en el ataúd. Al lado de la otra estaba un muchacho de unos 12 años, idéntico al padre que estaba en el ataúd. Parecía algo sacado de una película de Cantinflas. Sólo que no tenía la misma gracia porque en este caso, a diferencia de la mayoría de las películas, era un caso de la vida real. Qué triste fue para mí ver a esas dos mujeres pelearse como gatos callejeros cuando se encontraron en ese lugar. La una reclamaba a la otra su presencia y cada cual estaba segura que era la única que tenía «derecho» a estar en ese lugar en el papel de la esposa del fallecido. La falta de honestidad de este señor y su decisión de mantenerse siempre en la oscuridad, trajo desgracia y dolor a todos los que lo amábamos sinceramente. El hombre que es tenebroso, caminará en sus propias tinieblas y nunca podrá vivir en libertad, sino que toda su vida será el compañero de la vergüenza y el oprobio.

Hay esperanza para todo aquel que quiere ser libre. El Señor quiere darle libertad. No importa en qué actividad tenebrosa nos encontremos. Podemos encontrar libertad en nuestra vida. No sigamos caminando en la oscuridad, sino que comencemos a caminar en ese maravilloso camino que es la luz de Dios, Nuestro Señor.

Pornografía

Hoy en día, millones de personas están atadas a la pornografía. Se iniciaron en ese hábito y maneras promiscuas de pensar creyendo que en esa ilusión habrá algún deleite. Pero una vez que ingresan no encuentran la puerta de salida para ser libres. La Internet, que es una herramienta maravillosa en estos tiempos y que tiene muchísimos buenos usos, ha sido una de las trampas efectivas que más víctimas ha cobrado, haciéndolas adictas a la pornografía. Antiguamente, las personas tenían que acudir a alguna tienda para comprar las revistas y videos de pornografía y de cierta manera esto detenía a muchos por la pena de ser descubiertos, desenmascarados o reconocidos en esos lugares de mala fama. Pero hoy, la computadora le permite al consumidor de esta droga sensual una privacidad absoluta haciéndole posible ver cualquier cosa que sea de su antojo sin tener que moverse de su

casa. Este hábito, de incontables réditos económicos a los organizado-
res de esos sitios, se ha transformado hoy por hoy en el negocio más
rentable de la Internet.

Es triste conocer las estadísticas de la cantidad de jovencitos que
están siendo atrapados por esta telaraña de oscuridad y engaño. Uno
de cada cuatro jóvenes entre las edades de 10 a 17 años está siendo ex-
puesto a material pornográfico, mientras uno de cada cinco recibe alguna invitación sexual ilícita por el mismo medio. Se ha convertido
en una gran epidemia enfermiza de inmoralidad y promiscuidad. Millones de jóvenes cada año están quedando atrapados por una actividad que los aísla, enajena y deja con cicatrices emocionales que, en
muchos casos, los acompañarán toda su vida. Todo por no vivir en la
luz. Lo que se tenga que hacer en secreto, no tiene mucha legitimidad,
¿no cree usted?

Como dice un artículo que leí recientemente: «La pornografía
moldea la actitud y el comportamiento de las personas. Esta adicción
puede destruir la confianza y la sinceridad, cualidades indispensables
en un matrimonio. Puesto que la pornografía suele verse en secreto,
quien lo hace se ve obligado a mentir a su pareja (a causa del temor a
ser descubierto). Cuando ésta se entera, se siente traicionada y se pregunta por qué su cónyuge ya no la encuentra atractiva. La pornografía destruye la unión marital» (autor desconocido).

Si usted, como millones de otros, está luchando contra la pornografía, no sea de los que se quedan en la oscuridad. Recuerde que con
luz todo se ve mejor. El hecho de tener que permanecer en la oscuridad lo está invadiendo de un temor que no es necesario que usted car-
gue. Si sale a la luz y busca la ayuda necesaria para vencer esta

adicción, vivirá en una claridad nueva que lo sorprenderá. ¡Salga de la pornografía! ¡Entre a la luz!

Ocultismo, esoterismo

Transitar los caminos del ocultismo, el esoterismo, la magia negra, las cartas, etc., es una práctica habitual entre muchas personas alrededor del mundo. Pareciera que en estos tiempos existe una fascinación desmedida con este tema. Muchas películas, programas de televisión y novelas están tratando cada día más con temas de las ciencias ocultas. Algunos las descartan como algún tipo de entretenimiento sin más preocupación. Sin embargo, le aseguro que el plan de nuestro enemigo es convertir esa práctica en algo tan común y corriente, tan de la vida cotidiana, que él pueda aprovecharse de esa familiaridad para encadenar a muchísima más gente. Quizá a algunos les resulte fácil pensar que la consulta de esas actividades no perjudica al que las realiza. Sin embargo, permítame decirle que quién responde a sus consultas no es su amigo sino su enemigo, el diablo. Él pretende destruir su vida y la de aquellos que lo rodean y para ello ingresará en su vida de la manera que usted menos se imagina para lograr así su objetivo. Recuerde que con luz todo se ve mejor. Cualquier actividad que requiera de oscuridad para llevarla a cabo, tendrá que ser sospechosa, ¿no cree usted?

Recuerdo en una ocasión que Miriam y yo visitamos la casa de una amiga de la familia. Ella vivía en una especie de vecindario donde varios departamentos compartían el mismo patio y desde el cual se tenía acceso las diferentes puertas principales de cada quien. Cuando llegamos, vimos que en la ventana de uno de los vecinos de nuestra amiga había un huevo y unas plumas de paloma. Sinceramente, fue algo que nos causó sorpresa, ya que nunca habíamos visto algo así. Cuando se lo comentamos, nuestra amiga nos explicó que su vecina, en efecto, estaba practicando alguna actividad esotérica y lo que habíamos visto en la ventana eran los residuos de alguna de esas ceremonias extrañas que siempre llevaba a cabo en las noches (oscuridad). Nuestra amiga continuó diciendo que era una familia continuamente agobiada por tragedias, divorcios, muerte, accidentes, angustia, miembros de la familia viviendo en el manicomio, etc. En lo personal, no me cabe la menor duda de dónde proviene la fuente de toda esa tragedia: el padre de la oscuridad. Cuando jugamos sus juegos, obtendremos sus resultados. Si jugamos su partido favorito, nos meterá todos los goles, sin lugar a dudas. Si jugamos con fuego, nos quemaremos. ¿Qué hay que hacer? Salir de esas tinieblas y caminar en la luz. Así de sencillo. Recuerde que con luz todo se ve mejor.

La ira, el enojo y el maltrato

Seguramente usted, como yo, conoce a personas que se comportan de una forma cuando se presentan en público y de otra cuando están en privado. Ante la gente desconocida son las personas más maravillosas que el mundo jamás haya conocido, pero sus vidas en privado, y con la gente que vive cerca de ellos, son terribles. Cuando están a solas con su esposa se enojan, la golpean e insultan. Obviamente, la persona que golpea a su cónyuge y a sus hijos tiene profundos problemas psicológicos, emocionales, espirituales y de toda índole, habida y por haber. Esa persona necesita ayuda profesional. El hecho de que sean inconsecuentes en su trato con las otras personas nos indica que viven en las tinieblas. Cualquiera que tiene que esperar hasta que las puertas de su casa se cierren para maltratar a sus seres queridos es una persona que está viviendo en tinieblas. Por lo tanto, mi consejo sería: salga de esas tinieblas, abandone la ira, el enojo y el maltrato, y comience a caminar en la luz. Recuerde que con luz todo se ve mejor.

Mentira

Muchas personas luchan con la mentira y la exageración. Todo lo exageran y lo desproporcionan. Una señora le dijo a su hijo: «Te he dicho un millón de veces que no exageres». Declara un proverbio bíblico: «*Mejor es el pobre, que el mentiroso*» (Proverbios 19:22). Para algunos es muy fácil mentir, pues tienen un hábito de construir su vida en base a una mentira. Cuando se vive con mentiras, siempre se tendrá que recurrir a una nueva para tapar la anterior. Mentira tras mentira, toda su vida es como una gran mentira. ¿Qué tenemos que hacer? Salir a la luz. Necesitamos vivir en la luz de la verdad de la Palabra de Dios. Necesitamos salir de la oscuridad, de las tinieblas y de la mentira y comenzar a caminar en la luz. La verdad de Dios disipa toda mentira. La oscuridad de la mentira quedará expuesta por la luz de la verdad. Recuerde que con luz todo se ve mejor.

Chismes

El chismoso, el sembrador de la discordia, vive en temor. La Biblia dice que Dios aborrece al sembrador de la discordia (Proverbios 16:28). Las personas que utilizan sus palabras para traer división y discordia entre amigos, familiares y seres queridos, son gente que Dios odia. Me parece una palabra bastante fuerte «odiar», sin embargo es la que Dios usa para describir cómo Él se siente hacia este tipo de persona. Los que utilizan estas tácticas son personas que están viviendo en la oscuridad. ¿Qué hay que hacer? Salir a la luz. Recuerde que con luz, todo se ve mejor.

Pasiones descontroladas

Muchas cosas atemorizan a las personas que viven esclavas de las pasiones descontroladas. Por ejemplo, los que viven atados al alcohol, las drogas, el juego de azar, etc. no pueden vivir en libertad. Viven como esclavos, en las tinieblas de su atadura. Lo mismo ocurre con muchos que son adictos a la comida. La ciudad donde ahora vivimos, Houston, Texas, durante años ha encabezado el *ranking* estadístico por ser la ciudad con mayor cantidad de personas gordas de Estados Unidos. En otras palabras, hay muchas personas en nuestra ciudad que son adictas a la comida. ¿Qué tenemos que hacer? Salir a la luz. Reconocer que si tenemos una adicción de cualquier tipo, necesitamos ayuda. Debemos buscar ayuda y comenzar a caminar en la luz. Recuerde que con luz, todo se ve mejor.

> *Recordad que el hombre permanece en el rincón de la oscuridad por temor a que la luz de la verdad le deje ver cosas que derrumbarían sus conjeturas.*
>
> J. J. Benítez

No vuelva atrás

No es sencillo admitir que nuestra vida está cargada de situaciones particulares como las que he presentado hasta aquí. Pero permítame darle una palabra de esperanza, un mapa del camino hacia el gran tesoro esperado, un camino hacia la liberación del temor. El apóstol San Juan declaró que si andamos en la luz, como Dios está en la luz, tenemos comunión unos con otros y la sangre de Jesús nos limpia de todo pecado (1 Juan 1:7). Agrega además, que si confesamos nuestros pecados, Dios es fiel y justo para perdonarnos y limpiarnos de toda maldad (1 Juan 1:9). Para poder andar en la luz, lo único que necesitamos es nacer de Dios. La Biblia dice que todo aquel que es nacido de Dios no practica el pecado. Por lo tanto, cuando abrazamos la naturaleza de Dios, empezamos a parecernos a Él, comenzamos a sentir una repugnancia inexplicable por el pecado y cuando menos lo pensamos lo hemos dejado a un lado. Una vez que nos acerquemos a Dios, Él nos ayudará a vivir libres de las tinieblas y nos encaminará a la luz. Recuerde que con luz, todo se ve mejor.

Caminar en la luz es andar en libertad, con la tranquilidad de saber que todas nuestras deudas han sido saldadas. Ya no hay mentira en nuestra boca, no hemos defraudado a nadie. Caminamos en la libertad con la que Cristo nos ha hecho libres. Sin embargo, si usted cree que necesita ayuda y que solo no puede salirse del camino de las tinieblas por el que ha estado transitando, debe buscar ayuda. ¡Hágalo! Nunca se arrepentirá de haber salido de la oscuridad, porque con luz, todo se ve mejor.

Si le damos un poco de luz en nuestra vida, el temor no tendrá donde esconderse. Se tendrá que ir. ¡Prenda la luz! Con luz, todo se ve mejor.

Quiero finalizar este capítulo presentándole un desafío: Hoy mismo tome una decisión. Decida andar en la luz y abandonar las tinieblas.

Dios dice «que sí alguno está en Cristo, es una nueva criatura, las cosas viejas pasaron y todas son hechas nuevas» (2 Corintios 5:17).

Hay una vida nueva esperándolo. Existe la libertad para usted. Si se decide a caminar en la luz de la Palabra de Dios, podrá tener una nueva vida. Si de repente los viejos hábitos regresan a tocar a su puerta, usted les dirá: «Las cosas viejas pasaron, en Dios todo en mi vida fue hecho nuevo». Si el temor viene a intimidarlo y a decirle que no vale nada, usted le va a contestar: «He decidido seguir el camino de la luz que la Palabra de Dios me indica, no vuelvo atrás».

Para reír

En el fragor de la batalla, el comandante gritaba a sus soldados: «¡Adelante! ¿Quién manda aquí? ¿Yo, o el miedo?»

Un soldado que no podía más con el desafío contestó: «¡El miedo!».

«¿Cómo que el miedo?», le preguntó su jefe.

«Claro, porque usted será muy comandante, pero el miedo es general».

Preguntas para reflexionar

1. ¿Qué obstáculos, hábitos impuros y maneras de pensar de los que necesito deshacerme puedo identificar en mi vida?

2. ¿Existen cosas negativas ocultas en mi vida que tema que otros descubran?

3. ¿Qué áreas necesitan ser iluminadas?

4. ¿Estaría dispuesto a confesar mis errores, arrepentirme y dejarme restaurar?

5. ¿Necesito ayuda profesional además de espiritual?

Oración

Padre Celestial, escudriña mi corazón y mis pensamientos y saca toda oscuridad y todo lo oculto y negativo que pueda haber en ellos. Quiero caminar en integridad, en tu verdad y en tu luz. Haz de mí una morada de tu gloria y de mi corazón, tu habitación. Afirma mis pasos. Me arrepiento de mis errores. Ayúdame a andar en tu Palabra y en tu libertad. Gracias por ser mi luz, por perdonarme, por ayudarme con cada desafío y por hacerme libre de todo temor.

CAPÍTULO OCHO

Déle la espalda
al pasado

Las inspiraciones del miedo son fatales.
Es preciso aventurar peligros para obtener victorias.

Simón Bolívar

Todos cometemos errores. Es parte del ciclo natural de la vida. Sin embargo, un error aún más grande que cometer un error es seguir viviendo en el error. Muchos se atascan en un error de tal manera que se paralizan en todas las demás áreas de su vida. Dejan de sentir alegría, de ser creativos, de imaginarse que aún existen cosas buenas para ellos. Se detienen tanto por el error, que pareciera que le construyen un altar, le prenden veladoras, le ponen ofrendas florales y le cantan canciones, festejándolo, en lugar de hacer lo correcto: darle sepultura de una vez por todas. Llega un momento en que simplemente necesitamos cantar la canción aquella que dice: «Ya lo pasado, pasado». Es hora de darle la espalda al pasado, poner en nuestra historia el error y comenzar a prepararnos para un gran futuro. Nunca podremos conquistar lo que está en el pasado. Lo único que podemos conquistar está en nuestro futuro. ¡Decídase! Déle la espalda al pasado.

Después de acudir a un consejero que me ayudó a desenredar las telarañas que se habían hecho en mi cabeza, recuerdo muy bien una sesión en la que me dijo: «Marcos, simplemente tienes que soltar el pasado y mirar hacia el futuro». Se refería a una preocupación profunda que tenía hacia algunas personas que yo había lastimado profundamente con acciones que no había manera de corregir. Venía cargando por años estos bultos de sentimiento, dolor y culpabilidad, creyendo que si cargaba esas emociones, ése sería el castigo adecuado para pagar el daño que había causado. Gracias a Dios, después de muchas sesiones de consejería y oración, pude empezar a poner algunos de esos bultos en las manos del Señor, entendiendo que el único que podía arreglar esas cosas era Él, no yo. De nada me servía cargar con todo ese bulterío emocional, ya que Él cargó todas nuestras culpas, nuestros dolores, nuestros errores y nuestras fallas cuando murió por nosotros en el Calvario. No tenía caso seguir cargando esa culpabilidad, Él ya la había cargado. Me tocaba aceptar, por fe, mi libertad y empezar a vivir de una manera distinta. Le puedo asegurar que no fue ni inmediato, ni fácil. Todo lo contrario. Es un proceso en el que vivo aún. Hay ocasiones donde siento la tentación de regresar al cesto de la basura y volver a buscar ese bulto para volverlo a cargar. No me tardo mucho en ubicarlo porque lo cargué durante mucho tiempo. Lo conozco bien. Sin embargo, de nada me sirve, más que para hacerme sentir mal, culpable y angustiado. A veces somos lentos en aprender. Todavía estoy aprendiendo a dejar ese bulto. No tiene caso volverlo a tomar. Igual debe hacer usted. No regrese al pasado donde están sus errores. Únase conmigo en el esfuerzo de dejar atrás su pasado. Tome la decisión firme y segura de darle la espalda al pasado.

Lo único del pasado que necesitamos seguir cargando con nosotros son las lecciones buenas que hemos aprendido y las memorias enriquecedoras que nos han hecho la persona que somos el día de hoy. Recuerdo, por ejemplo, la ocasión en que mi papá me rescató del Océano Pacífico y mi corazón se llena de alegría y de gozo por tener un papá así. El hecho de que ni siquiera es mi padre biológico, hace que la historia tenga una dimensión aún más rica: un padrastro que me «adoptó» con tanta seriedad y con tanto amor que estuvo dispuesto a perder su vida rescatándome. ¡Qué increíble! Nunca le daré la espalda a ese enorme acontecimiento en mi vida. Me marcó para siempre. Me hizo saber, a ciencia cierta, que Dios tenía su mano, indudablemente, sobre mi vida. Esa clase de memoria debería ser la única que carguemos con nosotros el resto de la vida. Pero los recuerdos de los errores, los dolores y los sinsabores del pasado, necesitamos recordarlos únicamente para traer a la memoria las lecciones que aprendimos de ellos para nunca más volverlos a cometer. Pero cargar con la culpabilidad, el remordimiento y la amargura de esos errores únicamente nos sumirá en un lodo sentimental pegajoso, que sólo nos impedirá vivir libres de angustia.

El día que me encontraba sentado al comando de la avioneta con un inspector en el puesto de copiloto, estaba más nervioso de lo acostumbrado. Después de cinco meses de instrucción y de volar cierta cantidad de horas solo y con instructor y de hacer una cantidad de maniobras para mostrar mi destreza como piloto aviador, mi maestro me lanzó a esta gran y última aventura que todo piloto tiene que pasar si desea tener una licencia: el exámen de vuelo. Cuentan mis amigos pilotos que es un día en que todos han sentido un estado de nerviosismo más alto que de costumbre. Igualmente me cuentan que casi siempre se comete algún tipo de error debido al hecho de tener a un inspector sentado al lado, analizando en detalle cada acción y decisión tomada. El caso mío, no fue la excepción. Estaba muy nervioso y aprehensivo.

El inicio del vuelo salió bien. Despegamos muy bien y comenzamos el rumbo que me había asignado, el día anterior, el inspector de vuelo. Me había solicitado que usáramos un estilo de pilotear que incluye buscar ciertos puntos de referencia en el mapa, localizarlos en tierra al pasarlos y medir los tiempos entre ambos puntos para calcular cierta información crítica como la velocidad, el consumo de combustible, etc. Es un sistema que utilizaban los pilotos antes del advenimiento de sistemas navegacionales mucho más sofisticados y modernos. En otras palabras, es un sistema sumamente anticuado, pero que cada piloto debe saber utilizar en el caso de encontrarse en una emergencia en que todos sus aparatos electrónicos queden inoperables. En los cinco meses que tenía de estar estudiando, una de las cosas que había dominado era ese sistema navegacional. Con mi instructor, nunca había cometido un error, siempre había encontrado mis puntos de referencia, mis cálculos siempre habían sido exactos, en fin, pensé que había dominado ese sistema. Hasta el día del vuelo más importante de mi embriónica carrera de piloto.

¡Ese día me perdí! Así de sencillo. No tenía la menor idea de dónde estábamos. No había encontrado mi segundo punto de referencia en mi plan de vuelo. Había clavado los ojos en algo en el horizonte que parecía mi punto de referencia, pero mientras más nos acercábamos a lo que estaba viendo, más me daba cuenta que ese no era el punto de referencia que había escogido. Había estado mirando algo equivocado. Rápidamente empecé a mirar a mi alrededor para ver si de casualidad encontraba el punto correcto. ¡Nada! Mientras más busqué, más me desesperé. El problema consistió en que al estar buscando el punto de referencia, moviendo la cabeza para todos lados, nuestro paso por el aire estaba sufriendo severamente. El rumbo del vuelo empezó a parecer una «s» acostada en el aire, debido a que la avioneta estaba siendo maniobrada de un lado para otro en forma de «s», mientras trataba de encontrar, desesperadamente, mi punto de referencia. Durante todo ese tiempo, el instructor estuvo en un silencio total, esperando pacientemente que yo hiciera algo para rescatar esta situación. Cuando al fin rompió su silencio, fue para llamarme la atención y redirigir mis esfuerzos.

«Estamos perdidos», dijo el instructor. «Llevamos buen rato perdidos. No me has señalado tu segundo punto de referencia y lo sigues buscando. Lo pasamos hace más de cinco minutos. Yo sí lo vi. Ahora estás dando vueltas en el aire y nos tienes dando un paseo por todo el espacio aéreo tratando de buscar tu segundo punto de referencia que ha quedado muy atrás. Quiero que mires el mapa, mires hacia delante y me digas un punto en la tierra que puedas identificar en el mapa». Me pidió que hiciera esto tres o cuatro veces hasta que quedó convencido de que yo podía leer los mapas. Después de eso, cambiamos de actividad y seguimos con el exámen de vuelo, pero yo estaba dudando si lo había aprobado, simplemente por el hecho de que un piloto que se pierde, no puede ser un buen piloto.

Cuando concluimos el vuelo, el instructor se tomó un buen tiempo para darme un resumen de su análisis. Me dijo que, en su opinión, era un buen piloto. Me felicitó mucho por ciertas maniobras que había desarrollado con casi total perfección. También me dijo que mis aterrizajes eran de lo mejor que él había visto, comentario que fue un gran halago para mí porque había ensayado muchas horas y días enteros mis aterrizajes. Luego, comenzó a analizar el tema de la perdida que nos habíamos dado. En resumen, me dijo que el problema radicaba en que cuando cometí el error, no lo dejé en el pasado, sino que lo llevé conmigo el resto del vuelo. Me comentó que cuando se comete un error de esa naturaleza, lo primero que hay que hacer es reaccionar más rápidamente, hacer un análisis de la situación donde se está y no

Reflexión

Medite acerca de sus recuerdos y anote los nombres de todas aquellas personas que directa o indirectamente lo afectaron e hirieron. Al mismo tiempo, haga una lista de aquellas personas a las que usted haya afectado y a las que le gustaría restituir de alguna manera.

Luego de enfrentarse a la verdad de sus anotaciones, tome decisiones, resuelva estos recuerdos en su memoria para poder avanzar. Todo aquello que nos retiene en el pasado no nos ayuda a enfrentar el futuro.

Pídale a Dios que le ayude a no detenerse en este punto sino a avanzar para resolver el dolor que lo angustia.

revivir el error o tratar de retomarlo, sino de seguir piloteando el avión, y de esa manera mantener total control de la situación, en lugar de que la situación lo controle a uno. Es decir, por estar buscando mi segundo punto de referencia, dejé de volar competentemente la avioneta. Estábamos dando vueltas en el aire, subiendo y bajando de altitud, cosa que es bastante peligrosa. Por no dejar atrás un error, puse en peligro el futuro del vuelo. Cuando mi instructor me dijo esas palabras, estaba hablándole, sin saberlo, a una parte sumamente profunda de mi naturaleza, de quien soy. Soy muy dado a no seguir adelante hasta no corregir el error que tengo a mano. Es parte de mi naturaleza. Ha sido así gran parte de mi vida. El problema con ser así no es que quiera arreglar los errores, sino que los lleve conmigo al futuro, poniendo todo en riesgo y en peligro. Si fuera una persona que pudiera dejar las cosas en el pasado, mi futuro sería mucho más seguro. Ese día, mi inspector de vuelo me ayudó a descubrir un aspecto de mi personalidad, y ha servido hasta el día de hoy para ayudarme a dejar el pasado en el pasado. Por cierto, aprobé el exámen ese día, me dieron mi licencia de piloto y tengo más de 2,000 horas de vuelo en mi bitácora y nunca más me he perdido. Algo aprendí ese día.

El *Manual de los Trastornos Mentales* de la American Psychological Association contempla las fobias como un temor extremo a un objeto o situación específica. Quienes las padecen pueden sufrir un ataque de pánico si se exponen a éstas y se estima que pueden afectar, en algún momento de la vida, al 10 por ciento de la población. Según se han registrado hasta ahora, hay 6.596 fobias. Los estudiosos del tema dicen que situaciones traumáticas vividas en el pasado predisponen a la población a una fobia. Por ejemplo, si alguien sufrió un accidente de auto, es probable que desarrolle pánico a conducir; o si sus padres padecieron una fobia, es probable que esa persona también la sufra, porque el comportamiento se asimila. Los traumas vividos en el pasado contribuyen grandemente a los temores de hoy. Por eso, es importante lidiar con los traumas para que no nos afecten el día hoy.

En el capítulo anterior comenté que al investigar acerca de los temores identifiqué dos impedimentos u obstáculos que entorpecen el camino de la vida. El primero era los hábitos impuros y prácticas o costumbres deshonestas, del cual ya hablamos. El segundo obstáculo que existe en la vida de las personas que están sobrecogidas por el temor es la influencia de las vivencias negativas de su pasado. Creo que éste es uno de los recursos que más utiliza nuestro enemigo para mantenernos bajo el dominio del temor. Todos hemos acumulado a lo largo de la vida memorias desagradables, vivencias difíciles y experiencias negativas. Algunos más que otros, pero todos tenemos que darle la cara al pasado para enfrentar aquellos aspectos de nuestro pasado que están entorpeciendo nuestro presente. En el caso de muchos, sus pasados son sólo una serie de mentiras que hay que destruir para salir adelante. Muchas personas, por ejemplo, se han echado la culpa de experiencias horribles del pasado que no tienen nada que ver con ellas.

Conozco mujeres que fueron violadas de niñas y durante toda su vida han cargado con una culpabilidad equivocada, pensando, de alguna manera, que ellas tuvieron la culpa de eso. Paralizadas para tener una buena relación en su vida adulta e impidiéndoles vivir una vida libre de temor por causa del recuerdo que llevan en el pecho. Es tiempo de destruir las mentiras que hasta ahora usted ha creído acerca de su pasado. Es tiempo de dejarlo todo atrás, de una vez por todas. Satanás, el enemigo de nuestra alma, ha estado utilizando esas memorias para mantenerlo encarcelado, aterrorizado y paralizado, pero le aseguro que saldremos de esa cárcel del pasado y caminaremos en victoria hacia la tierra de nuestros sueños y nuestro destino en Dios.

Nuestra memoria es como el disco duro de una computadora. En ocasiones he dicho de broma que el disco duro de algunos es más duro que el de otros. El caso es que todos tenemos recuerdos grabados en la memoria del disco duro de nuestra computadora humana. Algunos tienen más recuerdos que otros, pero cada uno tiene la oportunidad de ingresar en su disco duro y modificar aquel archivo que afecta el funcionamiento de las demás actividades de la computadora. En ocasiones, entran algunos virus negativos que afectan el buen comportamiento de toda la computadora. En esas ocasiones, los expertos en esa materia saben entrar, corregir los archivos afectados, sacar lo que haya que sacar y reparar lo que haya que reparar. Es lo mismo que muchos de nosotros tenemos que hacer. Existen algunos archivos en el disco duro de nuestra memoria que están dañados y necesitamos que el que sabe de esas cosas (el fabricante del disco duro, Dios) entre y nos ayude a reparar todos esos daños. Sacar lo que haya que sacar, reinstalar lo que haya que reinstalar y reformatear lo que haya que reformatear. Para que esto ocurra, se tienen que reparar algunos de los fragmentos de nuestra memoria que han sido dañados a causa de las malas experiencias. Algunas de las posibles reparaciones a realizar pueden ser las siguientes:

PERDONAR

En nuestras manos está el poder de decidir cuáles serán los pensamientos que permitiremos que nos gobiernen. Una de las herramientas más efectivas que el enemigo utiliza para asustarnos es nuestra propia memoria. Por ejemplo, si en el pasado alguien nos hizo un daño y ese recuerdo quedó grabado en nuestro corazón y cada día meditamos en él, entonces necesitamos perdonar a esa persona y abandonar esos pensamientos, ya que pertenecen al

> *El resentimiento hace más daño a quien lo siente que a quien se dirige.*
>
> ANÓNIMO

pasado. No haga como hice yo en el vuelo el día de mi examen: seguir buscando el error. No. Perdonemos, dejemos esa memoria en el pasado y sigamos hacia delante. Nuestro futuro es brillante. El dolor nos enseñó y sirvió de algo, pero tenemos que seguir volando el avión de nuestra vida rumbo a nuestro destino maravilloso.

Jesús, Nuestro Señor, nos enseñó acerca de la importancia del perdón cuando dijo: «Si no perdonáis a los hombres sus ofensas, tampoco vuestro Padre os perdonará vuestras ofensas» (Mateo 6:15). Muchas personas se preguntan por qué su relación con Dios parece estar obstaculizada, detenida. Puede ser por falta de perdón en su vida. Es clara la lección: si nosotros no perdonamos, tampoco seremos perdonados. Así de sencillo. Necesitamos saber que la falta de perdón es un enorme obstáculo en nuestra vida espiritual. Es un enorme obstáculo en conocer más de cerca a Dios. Es necesario que usted y yo decidamos dejar atrás las ofensas del pasado y seguir caminando hacia nuestro maravilloso futuro. No nos permitamos vivir encarcelados. Es hora de dejar atrás el pasado y avanzar hacia el objetivo de nuestra vida, nuestra Tierra Prometida, nuestro destino en Dios.

Un conocido proverbio dice: «La cordura del hombre detiene su furor, y su honra es pasar por alto la ofensa» (Proverbios 19:11). Cuando alguien nos ofende, esa persona piensa que se salió con la suya, lo que no sabe es que al ofendernos nos dio una gran oportunidad de ser más honrosos y honorables. Pasar por alto una ofensa simplemente significa que no le daremos la importancia que merece. Simplemente, la vamos a pasar por alto. No dejaremos que se arraigue en el corazón, haciendo morada, porque cuando se venga a vivir con nosotros, tendremos terribles problemas. Nada bueno surge de permitir que la ofensa llegue a ser nuestro compañero de habitación. Si la dejamos entrar a nuestra casa, la tendremos de huésped por muchísimos años. Le aseguro que es un huésped desordenado, sucio e indisciplinado, que no queremos tener en la casa. Lo mejor es ayudarlo a empacar sus maletas y personalmente escoltarlo a la estación del autobús para que se largue a cualquier otro sitio menos a nuestra habitación. Simplemente, pase por alto la ofensa y no deje nunca que se hospede en su casa.

Estando clavado en la cruz, después de haber sido el objeto del ridículo de las masas, de haber sido golpeado, falsamente acusado, ridiculizado en la vía pública, humillado ante sus amigos, seguidores y familiares, el Señor Jesús, desde la cruz, clamó en voz alta «Padre, perdónalos, porque no saben lo que hacen» (Lucas 23:34). Si esa es la clase de amor que pudiéramos tener todos nosotros, el mundo sería un lugar mucho más hermoso donde vivir. Si todos pudiéramos tener ese espíritu de perdón, nuestras vidas serían muy distintas. Jesús no enumeró los errores de todos los presentes, echándoselos en cara, sino que simplemente con una frase, con un gran corazón, los perdonó de todo. Usted dirá: «Pero yo no soy Jesús, yo no tengo esas mismas facultades». Pues sí las puede tener. Todos las podemos tener. Si lo invitamos a Él a formar parte de nuestra vida diaria podríamos tener esa naturaleza de perdonar. Recuerde que la ofensa más difícil de perdonar es la primera. Después de eso, se hace cada vez más fácil.

RESTITUCIÓN

Muchas veces al hablar de los recuerdos solemos pensar en aquellas memorias que nos lastiman, y no siempre es el caso en que los demás nos hirieron a nosotros, sino que es posible que hayamos sido nosotros los que hayamos herido a los demás. Este mal recuerdo trae culpa a nuestra memoria y ésa es otra de las armas que el enemigo utiliza para hacernos vivir en el temor y en la oscuridad. Ese fue el caso mío. No soportaba el dolor asociado con la herida que le había causado a otras personas y la memoria de eso estaba afectando dramáticamente mi estado de ánimo. Esta realidad se hace más palpable en aquellas personas que, como yo, amamos a la gente y vivimos entregados a ella. Es muy real en personas que poseemos una gran sensibilidad hacia los demás y no queremos herirlos. Cuando sabemos que les hemos causado un dolor o hemos quedado mal, simplemente se nos amarga la vida. Conozco otras personas, por ejemplo, que parecen tener una capa de protección alrededor de sus sentimientos. Nada les duele. No les importa lo que la gente piense de ellos. Las personas pueden decir lo que quieran y no se afectarán. Me resulta muy difícil entender ese tipo de personas porque soy exactamente lo contrario. Soy demasiado sensible. Me afecta mucho lo que otros digan o piensen de mí. Así que, cuando descubrí que gran parte de mi angustia tenía que ver con el dolor que albergaba en mi corazón por el dolor que había causado a otros, eso me ayudó muchísimo a reenfocar mi mentalidad hacia corregir la situación. Aquí es donde entra la parte de restitución. En algunos casos podremos restituir. En otros, es demasiado tarde y solo necesitamos seguir caminando hacia delante y dejar que Dios sea nuestra defensa y justicia.

La restitución consiste en esforzarnos por reparar, en todo lo posible, el daño que le hemos causado a otra persona. Esa una de las soluciones que presenta Dios para ayudarnos a ser libres de nuestro pasado. La acción de restituir trae alegría. Uno de los ejemplo más conocidos es el que encontramos en el Nuevo Testamento al leer sobre la vida de un hombre de negocios bastante fraudulento, llamado Zaqueo. Muchos conocen la historia, porque es el hombre que se subió a un árbol para ver a Jesús porque era muy pequeño de estatura. He dicho de broma en varias ocasiones que Zaqueo se llamaba así porque había «saqueado» a medio mundo. Saqueó por aquí, saqueó por allá, por eso... Zaqueo.

Su vida era un gran saqueo. Era un hombre de negocios turbios, solía robar a la gente a través de su labor. Sin embargo, Jesús lo vio trepado en ese sicómoro y le dijo que quería visitarlo en su casa. Nos podemos imaginar que toda la gente se sorprendió porque éste era un hombre bastante reconocido en la tierra. Todo el mundo había sido saqueado por él. Nos podemos imaginar que muchos se preguntaran: «¿Cómo es posible que Jesús vaya a comer con Zaqueo en su casa? ¿No sabe Jesús quien es este tipo? No lo puedo creer». Me fascina, al estudiar la vida de Jesús, que él nunca le saca la vuelta a nadie. A todo el mundo visita y convive con todo mundo, sin importarle cual sea la opinión de los demás. A nadie nos saca la vuelta. ¡Qué bueno es Jesús!

La visita de Jesús a su casa conmovió profundamente a Zaqueo. No conocemos los detalles de la conversación, ni de qué fue lo que acontecíó esa noche en ese comedor. Lo que sí sabemos es que Zaqueo se conmovió tanto por las presencia de Jesús, que su vida cambió para siempre. Ese es el efecto que Jesús tiene en la vida de todos. En un momento de la noche, aquel pequeño hombre estaba tan conmovido con la presencia de Jesús que se paró delante de todos y confesó sus pecados. Lo interesante de esta confesión pública no fue que Zaqueo expusiera sus pecados, porque todo el mundo conocía la vida de este hombre, el gran milagro fue lo que dijo a continuación: «He aquí, Señor, la mitad de mis bienes doy a los pobres; y si en algo he defraudado a alguno, se lo devuelvo cuadruplicado» (Lucas 19:8). ¿Podrá usted imaginarse la cantidad de dinero que tenía Zaqueo como para devolverle a cada uno de los damnificados cuatro veces más de lo que les había robado? ¿Se puede imaginar la euforia que reinó en ese comedor cuando les dio la noticia a sus invitados? ¿Se puede imaginar cuál habrá sido el encabezado de los periódicos al otro día, si es que los hubiera habido? ¿Se puede imaginar cuáles habrán sido las conversaciones en las mesas de cada familia de esa ciudad? Jesús pasó por la casa de Zaqueo y su vida no volvió a ser la misma. La pasada por su casa no solo tocó a Zaqueo sino a cada persona que él había defraudado y a cada pobre de la ciudad. Lo que Zaqueo hizo, devolverle cuatro veces más de lo robado a los que había defraudado, se llama «restitución». El poder de la restitución toca muchísimas vidas. En algunos de nuestros casos, necesitamos buscar a las personas que hemos afectado y buscar la manera de restituirlos. Traerá sanidad a nuestro corazón y al de ellos también.

Mi papá, del que hablo con tanto orgullo, nos platica que en su juventud tuvo un trabajo de despachador en una tienda de helados.

Tenía 17 años y estaban de moda las máquinas *pinball* o «maquinitas».
Cómo él estaba encargado de la caja, tenía acceso al dinero que se co-
braba por la venta de los helados. Cuando nadie lo veía, él tomaba monedas de 25 centavos para meterlas a la máquina de *pinball* y jugar. Se
divertía y pasaba el rato sin pensar que estaba afectando a nadie, a
pesar de saber que tomar ese dinero sin pedirlo, estaba mal. Pasarían
más de cinco años cuando entregó su vida a Jesús de manera personal
y práctica. Al ir conociendo más acerca de Dios y de sus principios,
algo de su pasado lo empezó a molestar: las monedas de 25 centavos
que había tomado para jugar con la maquinita. Lo molestó a tal grado
que hizo un estimado de la suma que había tomado, escribió una carta
al dueño de la tienda que le había dado empleo y le mandó un cheque
por la cantidad que se había robado. En la carta le explicó al dueño
que hacía poco tiempo había conocido la verdad de Dios a través de
Jesucristo y que esa nueva vida lo hacía tener pena de lo que había
hecho en el pasado y le pedía perdón. Le pidió que aceptara el cheque
por concepto de restitución de lo que se había robado. Comenta mi
papá, que el dueño le mandó de regreso una carta donde le agradecía
profundamente su honestidad y el cheque. Lo animó a seguir caminando en esa vida nueva que había encontrado con Dios. Mientras
escribo este libro, mi papá tiene 74 años y sigue caminando con Dios.
Es un hombre admirable. Esta vivencia de restitución es una de las razones por las que creo personalmente que mi papá ha sido un hombre
honrado por Dios en toda su vida. Es un gran ejemplo a seguir.
Cuando Dios mira en nuestro corazón esa decisión de restituir los
daños que hemos causado a otros, me puedo imaginar que se arma una

fiesta en el cielo. Me imagino a los ángeles llamando al mariachi, comenzando a bailar y usted y yo comenzando a vivir en una nueva clase de victoria. La restitución es una de las llaves que abre la cárcel del temor y nos deja LIBRES.

Memorias que atan

Muchas personas, como lo hice yo durante años, vivimos con memorias que nos detienen, nos atan y no nos permiten salir de la cárcel del temor. Algunos, simplemente porque les es muy difícil perdonar. Otros, porque han sido lastimados tan profundamente que no pueden soltar el dolor. Se justifican de alguna manera, pensando que su memoria desagradable es la garantía de que están en lo correcto y simplemente no la sueltan porque así justifican sentir esa pena y dolor que abrigan. Otros no borran una memoria desagradable, simplemente por la rabia que albergan de haber vivido esa situación. La mantienen por odio, por rencor, por venganza. Quieren mantener al rojo vivo la memoria para que en el momento adecuado, dadas las circunstancias correctas, puedan tomar venganza de las personas que les hicieron daño.

Desconozco cuáles sean sus razones para mantener vivas las memorias y no olvidar el pasado. Sea cual sea, todos pierden cuando no se camina la ruta del perdón, la restitución y la restauración. Cuando logramos tener el espíritu de Cristo, que perdonó aún estando clavado en una cruz, todos ganamos. Si nos atamos a esas memorias, viviremos atados el resto de nuestras vidas. Desátese y permítase vivir en la libertad que viene de dejar atrás el pasado, para que pueda ver el brillante futuro que tiene. Déle la espalda al pasado.

La amenaza

Hace poco una familia se me acercó para comentarme lo siguiente: «Marcos, estamos con gran temor porque nos amenazaron de muerte». A causa de una situación laboral alguien los había amenazado. Esta gente estaba viviendo bajo el temor de esa amenaza. Es un temor que encarcela a muchas personas. Algunos amenazan a otros al decir: «Te voy a llevar a juicio». Desafortunadamente, vivimos en la época de mayor número de litigios que en cualquier otro momento de la historia de la humanidad. Los que reciben esas amenazas cargan con ese bulto y viven preocupados pensando: «A lo mejor me meten a la cárcel, o tal vez me matan, ¿qué va a ser de mí?». La Biblia dice que el acusador se llama el diablo y que utiliza su voz solamente para acusar y señalar. Usted necesita salir a la luz y dejar que la Palabra de Dios lo guíe en todos sus asuntos. Usted necesita cantar la Palabra de Dios, necesita declarar la Palabra de Dios, necesita llenar su ambiente de la Palabra de Dios. Comience a declarar versículos de la Biblia, como el que dice: «Ninguna arma forjada contra ti prosperará, y condenarás toda lengua que se levante contra ti en juicio» (Isaías 54:17). La palabra de Dios tiene el poder de romper la amenaza y convertir en nada las mentiras que a Satanás le encantaría que abrazáramos.

El rechazo

Otras de las memorias que utiliza el enemigo en contra de un gran número de personas es el rechazo. Si alguien nos rechaza, nos sentimos humillados. Todos en algún momento de nuestra vida hemos sentido el rechazo. En uno de los capítulos anteriores escribí acerca del problema que tenía cuando era niño: tenía el tremendo don de mojar mi cama todas las noches. Todos se burlaban de mí, especialmente cuando empecé a crecer y cumplí 12, 13 y 14 años de edad y todavía mojaba la cama. Muchos años después, Dios me ayudó a obtener la victoria sobre la burla y el rechazo que yo sentía, y que traía a mi vida consecuencias emocionales muy desagradables. Gracias a Dios que hasta el día de hoy he quedado libre de ese rechazo y también, gracias a Dios, ya no mojo la cama.

La Biblia dice: «Lo vil del mundo y lo menospreciado escogió Dios, y lo que no es, para deshacer lo que es» (1 Corintios 1:28). Dios usa lo vil y lo menospreciado, usa al rechazado. Si alguien lo rechazó alguna vez, le hizo un gran favor, porque lo convirtió en un candidato para ser usado para la gloria de Dios. Así que, góce y alégrese porque a raíz de haber sido rechazado, usted ahora puede ser usado por Dios. Si no ha experimentado aún el rechazo, no se preocupe: ya le tocará. Viene solito. Ni siquiera tiene que buscarlo.

En América Latina y el mundo tenemos un tremendo problema con el abandono. Muchos papás que abandonan a sus familias por otras, esposos que abandonan a sus mujeres por otras. Es una epidemia en nuestro continente que trae muchas consecuencias negativas a las familias que lo sufren. En una ocasión hablé con un joven al que su papá lo había dejado cuando era pequeño. Nunca lo conoció y no volvió a verlo hasta los 17 años. Desgraciadamente, esa es la historia de muchos jóvenes. Al reencontrarse con su papá, este muchacho tenía muchas preguntas que hacerle: «¿Por qué nos dejaste? ¿Por qué te fuiste?». Por causa de estos recuerdos que han marcado la infancia y juventud de muchos de nosotros, vivimos sumidos en el temor, en la zozobra y en la oscuridad, al no saber por qué ocurrieron aquellas cosas. En muchos casos, los niños se echan la culpa por el abandono y sufren las desastrosas consecuencias psicológicas que ese pensamiento trae. De ahí, muchos permiten la entrada a su vida de la amargura y el rencor que representa al resentimiento tenaz. Nada bueno puede resultar de eso. Tenemos que dejar el pasado atrás, conquistar nuestro futuro y tener el conocimiento de que Dios tiene grandes cosas esperándonos el día de mañana. Suelte esas memorias. Déle la espalda al pasado.

¿Qué hay que hacer?

El resentimiento, la amargura y el odio, son bases muy claras que con el tiempo pueden provocar graves enfermedades, muchas de ellas terminales. El resentimiento, la amargura y el odio no sirven de nada, déjelos en el pasado y camine hacia su futuro. El Apóstol San Pablo en su libro a los romanos dice: «No os venguéis vosotros mismos, amados míos, sino dejad lugar a la ira de Dios; porque escrito está:

Mía es la venganza, yo pagaré, dice el Señor» (Romanos 12:19). Recuerde que Dios puede lidiar mejor con sus enemigos que usted o yo. Dejemos que la venganza de Dios tenga lugar. Nosotros no podemos hacer justicia como Dios la puede hacer. Es tiempo de dejar algunas cosas en las manos hábiles de Dios y simplemente darles la espalda a algunas memorias que nos duelen, y que no podemos hacer nada para cambiar. Es tiempo de dejar que Dios se encargue de nosotros. Dejar que Él sane nuestras heridas, que Él haga justicia, que Él nos lleve a un mejor mañana. Déle la espalda a su pasado. Su futuro es mucho mejor.

Ante una injusticia o una adversidad, la primera emoción que puede surgir es la venganza. Pero si usted y yo practicamos la venganza no dejamos que Dios se encargue de las cosas. Deberíamos tener una mentalidad que diga: «Dios puede hacer las cosas mejor de lo que yo jamás podré, Dios sabe ejecutar la venganza mejor de lo que yo jamás podré». El odio significa antipatía y aversión. Muchos expresan su odio escondido a través de sus declaraciones: «Ojala le vaya mal y nunca más pueda salir adelante». De nada sirve tener esa amargura y rencor en nuestro interior. Al mismo tiempo le aseguro que a la persona contra la que usted tiene rencor tampoco le sirve, a lo mejor ni siquiera sabe que usted está enojado con ella. ¡Suéltela! Sea libre para vivir en victoria y sin temor.

El profeta Isaías dijo: «No os acordéis de las cosas pasadas, ni traigáis a memoria las cosas antiguas» (Isaías 43:18). No recordemos más las memorias del pasado, ya no nos acordemos de esas ofensas, del abandono del rechazo o de cualquier otra cosa que hayamos sufrido.

Dejemos lugar a las cosas nuevas que Dios quiere hacer en nuestra vida. Abandonemos el pasado y abrámonos a lo nuevo que Dios tiene para nosotros.

Para reír

El paciente llega para contarle su problema al psiquiatra.

—Doctor, tengo un problema: cada vez que voy a acostarme creo que hay alguien debajo de la cama. Para combatir eso me acuesto debajo de la cama y entonces creo que hay alguien arriba. ¡Tiene que ayudarme o me voy a volver loco!.

El especialista se queda pensativo y luego le contesta:

—Póngase usted en mis manos durante doce meses. Venga tres veces por semana a verme y yo curaré sus temores.

—¿Cuánto cobra usted por sesión?, le pregunta cautelosamente el tipo.

—500 dólares por visita.

—Está bien, doctor, lo voy a pensar y luego le digo.

Seis meses más tarde el psiquiatra se encuentra al individuo en la calle y le pregunta:

—¿Por qué no regresó a verme?.

—¿Por 500 dólares la visita? Mi compadre me curó por tan sólo una cena.

—Ah, ¿sí? ¿Cómo le hizo?, pregunta, escéptico, el facultativo.

—Me dijo que le cortara las cuatro patas a la cama.

Para reír

Una mujer se encuentra con su vecina por la calle y le dice:
«Oye, perdona, pero me debes 10,000 pesos».
Su vecina le contesta: «Te perdono, te perdono».

Preguntas para reflexionar

1. ¿Todavía sigo atado a mi pasado?

2. ¿Cuáles son las memorias desagradables de mi pasado que aún me amenazan y necesito dejar de recordar?

3. ¿Existe amargura, culpa, resentimiento o falta de perdón en mi corazón?

4. ¿A quienes necesito perdonar y a quienes debo pedir perdón?

5. ¿De qué cosas necesito arrepentirme y ser restaurado?

6. ¿Qué cosas debo dejar en manos de Dios para que Él haga justicia?

Oración

Padre bueno y de misericordia, reconozco que he cometido errores en el pasado y que hay memorias que no me benefician. Me arrepiento de todo mal que les haya causado a otras personas y perdono a aquellos que me han hecho daño. Te pido que te lleves toda culpa, resentimiento, odio, amargura, rechazo y falta de perdón de mi vida y me hagas libre. Gracias por ser mi luz y mi libertador, por perdonarme, restaurarme y por borrar mi pasado. Gracias por hacer todas las cosas nuevas.

CAPÍTULO NUEVE

Déle el frente al mañana

No temas del mañana. Dios ya está allí.

J. MASON

La primera vez que visité Disneylandia, tenía cinco años de edad. Toda mi familia había hecho el viaje para visitar a mis abuelos que vivían en una ciudad cerca de allí. Por mi temprana edad no me acuerdo de muchos de los detalles de ese viaje, pero con muy clara memoria, recuerdo la noche antes de visitar ese lugar tan amado por los niños alrededor del mundo. Casi no pude dormir esa noche por la emoción. Había visto fotos y programas de televisión, pero estaba seguro que nada se comparaba con la realidad de visitar ese maravilloso parque. En el colegio, tenía unos amiguitos que lo habían visitado y regresaban contándonos historias maravillosas y fantásticas acerca de todo lo que se vivía allí. Casi no podía aguantarme las ganas de estar allí. No dormí en toda la noche, por la emoción. Me hacía mil preguntas como: «¿Conoceré a Mickey? ¿Cómo será el castillo de la Cenicienta? ¿Estarán Donald y Pluto y todos los demás?». Habría dado cualquier cosa porque amaneciera para de una vez estar ahí. ¡Qué expectación! ¡Qué ganas de que llegara el próximo día! ¡Qué entusiasmo cuando amaneció!

Así podemos vivir aquellas personas que le hemos dado la espalda al pasado, le hemos dicho adiós al temor, hemos puesto luz en nuestra vida y vivimos en el amor perfecto, en el perdón en la restitución y en la restauración. ¡Qué manera tan emocionante de vivir! Se puede esperar el futuro con gran entusiasmo, con gran fe y esperanza, sabiendo que las mejores cosas son las que nos esperan. Si cada día despertáramos con el mismo entusiasmo con que desperté la mañana que visitaría Disneylandia, cada día sería diferente para nosotros. No lo veríamos como una rutina monótona, sino con expectación y admiración, esperando saber qué será lo bueno que nos sucederá este día.

Si viéramos cada día como un paseo por nuestro lugar favorito, las actividades diarias se convertirían en aventuras diarias. En el pesimismo y en el negativismo vive el temor, porque son actitudes oscuras, tenebrosas. Por eso, si vivimos con optimismo y expectación, la vida nos sonreirá y sabremos aprovechar mejor las oportunidades. Sabríamos sacarle el mejor jugo posible a cada día, a cada momento y a cada acontecer. ¡Déle el frente al mañana con entusiasmo!

Cuando los Estados Unidos lanzó su programa espacial en 1958, siete hombres fueron escogidos para convertirse en los primeros astronautas. Imagínese la emoción de Scott Carpenter, Gordon Cooper, John Glenn, Gus Grissom, Walter Schirra, Alan Shephard y Deke Slayton. Ellos habían sido seleccionados para ir a donde nadie había ido antes. Sin embargo, como astronautas, sabían que tendrían que enfrentarse a peligros, desafíos y pruebas imprevistas. Cada uno de ellos se daba cuenta de que la emoción de ser escogidos les presentaba el desafío de un futuro desconocido. Sin embargo, habían determinado, personalmente, que el riesgo corrido valía la pena por el futuro que adquirirían para el mundo entero. Pusieron en la balanza el temor de la incertidumbre, contra el triunfo del mañana y decidieron que el triunfo ganaba sobre el temor. A pesar del hecho de que solo Alan Shepard llegó a la luna, estaban dispuestos a correr ese riesgo con tal de que algún día «alguien» llegase. De hecho, tres de ellos dieron su vida por la causa, al morir en un horrible accidente que casi paralizó el programa entero. Pero si les pudiésemos preguntar sobre su participación en el proyecto, estoy seguro, por el optimismo inherente que cada uno poseía, que nos dirían que el dar sus vidas había sido un sacrificio que valió la pena. Lo más probable es que ya habían calculado ese riesgo y no por eso desistieron. ¡Admirable! Por eso es que son héroes hasta el día de hoy.

Una de las mejores maneras en que podemos destruir el temor es mirando hacia el futuro. Las palabras del profeta Jeremías declaran un secreto que debe acompañarnos todos los días de nuestra vida: «Porque yo sé los pensamientos que tengo acerca de vosotros, dice Jehová, pensamientos de paz, y no de mal, para daros el fin que esperáis» (Jeremías 29:11). Para empezar, me emociona saber que Dios piensa en mí y, en segundo lugar, me emociona saber que sus pensamientos son buenos, benévolos, llenos de paz. Dios no está pensando cómo destruirme o cómo regañarme por las cosas que he hecho mal. Él sabe que soy mortal y que cometo errores y que siempre los cometeré. Dios no está pensando cómo ejecutar contra mí algún juicio por alguna tontería que he cometido. De hecho, una de las razones que Jesucristo murió en el Calvario por cada uno de nosotros es para satisfacer la necesidad de un juicio. Dios derramó su juicio sobre Jesús, al estar clavado en la cruz. Dios ahora tiene pensamientos de paz hacia nosotros, porque nos mira a través de su hijo Jesús. Los pensamientos de Dios para nosotros son tan buenos que podemos aspirar a tener éxito en lo que emprendemos, porque Él nos ayudará. De hecho, Dios nos hizo para triunfar. No creo que haya una sola persona de la que Dios haya pensado: «Bueno, a éste lo voy a crear para que fracase en la vida». ¡Nunca, imposible! Dios nos hizo para triunfar y tanto es su deseo de que triunfemos que Él piensa en nosotros. Piensa cómo puede hacer para darnos el final que esperamos, para darnos un futuro lleno de esperanza. Dios es un Dios de esperanza, no del ayer. Dios es un Dios que quiere que veamos el mañana. Dios está en nuestro mañana. Si logramos vernos en el mañana, Él nos estará esperando allí. Deje de estar mirando su ayer, porque al hacerlo, está dejando de ver su mañana. Necesitamos aprender a pensar como piensa Dios: con pensamientos de paz y de esperanza.

El futuro que Dios planeó para nuestra vida está lleno de esperanza, de bendiciones, de alegría y de abundancia. Si siempre pensamos en los errores que cometimos en el ayer, o si creemos que siempre vamos a vivir como esclavos, entonces estamos siendo sometidos a un espíritu de temor que necesitamos vencer. Venzámoslo de una vez por todas para seguir adelante con nuestro futuro. Hemos perdido demasiado tiempo en las cosas del ayer. Ahora es tiempo de salir adelante, de mirar hacia el mañana. La vista es bellísima. Venga a verla conmigo.

CIEGO AL PASADO

La vida de Saulo de Tarso era un absoluto desastre. Poseía un pasado terrible que lo acusaba sin cesar. La Biblia cuando lo describe dice que «respiraba amenazas y muerte» (Hechos 9:1) contra los que creían en Cristo. Sus peores enemigos eran aquellos que no creían como él y no los dejaba en paz. Los perseguía, pero no para indagar cuáles eran sus opiniones ni para estudiar sus hábitos o saber por qué estaban tan entregados a Jesús, sino que los perseguía con el único afán de matarlos. Así como lo leen. Los mataba. Obtenía los permisos necesarios de los religiosos de su día para entrar a una ciudad y preguntar por cualquier seguidor de Jesús y con el permiso legal en la mano, los llevaba a las afueras de la ciudad y conseguía personas para tirarles piedras a los acusados hasta que quedaran muertos. Su odio contra los cristianos era tan arraigado y profundo, que no le afectaba en lo más mínimo lo que hacía. Lo repetía, un lugar tras otro, una ciudad tras otra. Por toda esa región tenía fama. Todo el mundo sabía quién era Saulo de Tarso. Me puedo imaginar el caos que provocaba y el temor que invadía a algunos corazones al saber que él estaba cerca de la ciudad.

Un buen día, rumbo a una ciudad que se llama Damasco, Saulo de Tarso tuvo un encuentro con Jesús que cambió su vida para siempre. Fue uno de esos encuentros espectaculares, casi al estilo de una película. Una gran luz del cielo brilló, y lo tumbó de su caballo (para usar una frase mexicana: «lo bajaron de su macho»), cayó al piso, ciego, gateando, tratando de ubicarse. ¡El gran temible Saulo de Tarso, reducido a ciego en un instante, gateando por el suelo sin saber dónde estaba ni qué era lo que ocurría! Dios sí que tiene maneras de llamarnos la atención: de manera efectiva y bastante dramática.

Estando en el piso, se escucha una gran voz que desciende del cielo y le pregunta que por qué lo está persiguiendo. Al escucharlo, Saulo pregunta: «¿Quién eres, Señor?». La respuesta fue: «Yo soy Jesús, al que tú estás persiguiendo». La respuesta de Saulo de Tarso nos ayuda a entender por qué fue el gran hombre que fue. Era inteligente. No se tardaba en entender y pescar las cosas. Rápidamente contestó: «¿Qué quieres que yo haga?». Cuando el Señor le dio instrucciones de qué hacer esa tarde, la vida de Saulo cambiaría totalmente (Hechos 9:3 — 7). Nunca más sería igual.

Luego de ese encuentro con Jesús, Saulo quedó ciego durante

tres días. Entró a la ciudad de Damasco guiado por sus amigos que lo llevaron a la casa de la persona que le ayudaría a salir adelante, un hombre llamado Ananías. Es interesante el dato de que haya quedado ciego, porque muchas veces, para poder mirar al mañana necesitamos quedar ciegos a nuestro ayer, ya que por mirar a nuestro pasado a veces no podemos ver nuestro futuro. Saulo tuvo que quedarse ciego para que al despertar a su nueva realidad tuviera una nueva perspectiva, una nueva manera de ver las cosas. Tres días después, un hombre oró por la ceguera de Saulo de Tarso. Saulo recibió la vista y comienzó a caminar en su nueva vida. Sólo que esta vez la viviría de una manera muy distinta a como la había venido viviendo. Nuevo rumbo, nuevas direcciones, nuevas instrucciones, nuevo destino. De ser Saulo de Tarso, el temible y temido hombre que mataba a los cristianos, pasó a ser uno de los mayores teólogos cristianos que la historia jamás haya conocido, el escritor más prolífero del nuevo testamento.

Pero aún, al ver la transformación la gente dudaba de él, porque le temía a su mala fama. Hay un famoso dicho que resuena en América Latina que dice: «Hazte fama y échate a dormir». Saulo de Tarso tenía fama. Todo el mundo sabía que era el «mata cristianos» y ahora andaba por todos lados diciendo que un encuentro con Jesús le había cambiado la vida. Pasarían muchos años antes que las personas lo liberaran de su pasado. El tiempo comprobó que, en efecto, Saulo había tenido un nuevo comienzo. En una carta que le escribió a la iglesia en Roma, Pablo diría: «No os conforméis a este siglo, sino transformaos por medio de la renovación de vuestro entendimiento, para que comprobéis cuál sea la buena voluntad de Dios, agradable y perfecta»

(Romanos 12:2). Para poder darle el frente al mañana, necesitamos pedirle a Dios que nos ayude a transformar nuestra manera de pensar. Dios no quiere que veamos las cosas como siempre las hemos visto, sino que las veamos como Él las ve. Dios quiere darnos una nueva visión, una nueva mirada.

MOVILIZADO HACIA LO QUE VENDRÁ

Cuando Saulo recibió nuevamente la vista y su vida cambió, dice la Biblia: «En seguida predicaba a Cristo en las sinagogas, diciendo que éste era el Hijo de Dios» (Hechos 9:20). El toque que Saulo de Tarso había recibido esa tarde rumbo a Damasco lo movilizó inmediatamente hacia su nuevo futuro. Él no se quedó esperando para ver qué era lo que iba a suceder en su vida o ver cuándo comenzaba su nueva profesión, sino que inmediatamente se levantó y comenzó a predicar. Hoy en día hay quienes tenemos un encuentro con Jesús, recibimos una nueva perspectiva para la vida, pero en lugar de actuar inmediatamente, como lo hizo Saulo, nos quedamos quietos, complacientes y calladitos. Algunos, por indecisión, otros por temor y aún otros por ignorancia. Cual sea el caso, mi consejo es que tomemos el ejemplo de este extraordinario hombre y actuemos lo más pronto posible. El primer impulso de Saulo de Tarso fue salir a conquistar su futuro y expresar lo que sentía en su interior. «Pero Saulo mucho más se esforzaba, y confundía a los judíos que moraban en Damasco, demostrando que Jesús era el Cristo» (Hechos 9:22).

Me sorprende leer luego que la historia relata que algunas personas querían matar a Saulo de Tarso, pero él: «hablaba denodadamente en el nombre del Señor, y disputaba con los griegos; pero éstos procuraban matarle» (Hechos 9:29). Permítame decirle algo por experiencia propia: no importa qué quiera ser usted, cuán grande o pequeña sea su visión, puedo garantizarle que en el momento en que usted comience a actuar siempre habrá personas que querrán destruirlo. Jesucristo mismo nos lo garantizó. Él dijo: «Estas cosas os he hablado para que en mí tengáis paz. En el mundo tendréis aflicción; pero confiad, yo he vencido al mundo» (Juan 16:33). Generalmente, los que quieren matarnos son aquellos que no están haciendo nada, por eso tienen tanto tiempo para organizar la muerte del que está en acción. Pero no se preocupe por los que quieren matarlo, siga usted caminando. Eso es lo que me impresiona al leer la historia de Saulo de Tarso, él siguió adelante, siguió caminando. El éxito verdadero se encuentra en la persistencia, la perseverancia. Ponga un pie delante del otro y no deje que nadie lo detenga. Saulo de Tarso, luego de Pablo, el apóstol, fue uno de los hombres más extraordinarios de la historia. De un terrible pasado pasó a una gran prominencia. De la misma forma, Dios quiere sacarnos a usted y a mí de nuestro terrible pasado y llévarnos a un lugar muy alto. Si aceptamos el desafío, podremos escribir la nueva historia de nuestra vida, de nuestra familia y de nuestro país. Además, podríamos ayudar a otros a convertirse en campeones y a llegar a triunfar.

Consejos para un camino seguro

Arregle su pasado

Hay algunas cosas del pasado que son irreparables y no hay manera
de arreglarlas; pero eso no puede ser determinante, debemos dejarlo
atrás, en el pasado, en el olvido y avanzar hacia lo que está por delante. Recuerde lo que promete la palabra de Dios, «De modo que si
alguno está en Cristo, nueva criatura es; las cosas viejas pasaron; he
aquí todas son hechas nuevas» (2 Corintios 5:17). Dios toma nuestro
pasado y hace todo nuevo. El Señor puede hacer hoy todas las cosas
nuevas en nuestra vida.

Recuerdo la historia que contó un predicador viejito hace muchos años cuando yo era niño aún. Nos contó que cuando Dios tomaba todos nuestros pecados, los enviaba a un lugar especial que se
llama el «mar del olvido». Nos dijo que era un mar muy profundo al
que nadie podía entrar. Nos explicó que nuestros pecados quedaban
totalmente en el fondo del mar de tal manera que era imposible volverlos a sacar. También nos dijo, que Dios ponía un gran letrero en la
entrada de ese mar que decía: «Prohibido Pescar». En otras palabras,
por si acaso alguien tratara de entrar el mar para sacar nuestros errores
y pecados para recordárnoslos, Dios no lo iba a permitir. Él cubría de
tal manera nuestro pasado que ni siquiera dejaba que alguien pudiera
pescarlo del mar del olvido. Lo invito a no tratar pescar en ese mar. De
nada le sirve. Recordar esas cosas no sirve de nada. Déjelas donde
están, en el olvido, cubiertas por la gracia poderosa de Dios, comprada
con el sacrificio perfecto de Jesús.

Sueñe

Yo tengo sólo tres consejos acerca de soñar y son:

1. ¡Sueñe!

2. ¡Sueñe!

3. ¡Sueñe!

Sueñe cuando esté dormido. Sueñe al estar despierto. Sueñe sentado. Sueñe mientras está comiendo. Sueñe, sueñe y cuando haya terminado de soñar, sueñe un ratito más. Es difícil para mí entender por qué tantas personas rehúsan soñar. No cuesta nada, es sumamente divertido y además, es la cuna de muchas ideas buenas que pueden convertirse en grandes realidades. Es indispensable que soñemos cuando pensemos en darle frente al mañana. No hay futuro si no lo soñamos. Sus sueños pueden ser el antídoto más fuerte y más efectivo contra sus temores. Leí el dicho que dice: «El héroe y el cobarde se sienten exactamente iguales en cuanto al temor, sólo que el héroe confronta sus temores y los convierte en fuego». No corra, confronte sus temores y empiece a soñar. Véase con el trofeo en la mano, con el cheque de campeón en su cuenta de banco. Comience a caminar como un campeón, a pensar como campeón, a verse como campeón, a soñar como campeón. Tome la actitud que caracteriza a los campeones y comience a verse como tal. Si nunca se ve ganando, triunfando, surgiendo, avanzando, conquistando, arrebatando, plantando y cosechando, entonces nunca será una realidad en su vida. Lo tiene que ver en su corazón, antes de que sea una realidad en su vida. Comience hoy mismo. Búsquese un lindo lugar donde pueda sentarse y echar a andar su imaginación. Verá como después de soñar, un día logrará sus sueños.

Haga planes

Algunos se quedan sólo en el plano de los sueños. Nunca hacen nada más por realizarlos. Hay que ponerle acción a sus sueños. Un sueño sin acción es solamente una ilusión. Póngale patas a su sueño, prepárese. Mucha gente que conocemos algún día quiso hacer algo, pero continúa paralizada. ¡Levántese! Póngase a trabajar. Sueñe, pero también actúe.

Un día me encontraba en un país por América Latina cuando se me acercó un joven de unos 18 ó 19 años de edad. Vino hacia mí, visiblemente conmovido y con gran entusiasmo de hablar conmigo. Después de estrechar su mano y de preguntarle su nombre, me dispuse a escuchar su petición: algo que nunca había escuchado hasta esa fecha. Me dijo que él quería tocar el piano igual que yo y que si no le haría el favor de poner mis manos sobre él, tomar sus manos en las mías y «transferir» (palabra exacta que utilizó él) todos mis conocimientos de la música a través de una sencilla oración. Primero, permítame aclararle que soy una persona que no sólo cree en los milagros, sino que los he visto con mis ojos en las vidas de muchas personas, y en mi vida también. Sin embargo, esta petición me pareció el colmo. Lo que podemos adquirir con un poco de disciplina, perseverancia y entrega, no requiere de un milagro de Dios. Los milagros de Dios deberían estar reservados para aquellas cosas que como humanos mortales no podemos hacer. Este muchacho me estaba pidiendo que en una oración de dos minutos, le transfiriera años de aprendizaje, de estudio, de disciplina y entrega. Con el permiso de él. ¡Qué perezoso! Sin embargo, así hay muchos. Queremos tomar una varita mágica y que se nos arregle todo con decir dos o tres frases claves y «colorín colorado, el futuro está asegurado». No funciona así. El conocimiento no nos llega por ósmosis sino a través del estudio y la lectura. La paciencia es uno de los ingredientes más importantes para desarrollar nuestros sueños. Estudie, prepárese para lograr lo que sueña, edúquese en las áreas con las que está soñando. Por ejemplo, si quiere cantar, haga lo que hice yo en el año 1976, me busqué un maestro de canto, con quien estudié cerca de cuatro años sin parar. Desarrolle una estrategia de cómo alcanzar sus sueños y luego siga esos planes. El sueño tiene que venir acompañado de la acción. Si nunca hay acción, nunca habrá sueños cumplidos. ¿Cuál es la primera acción que hay que tomar? Tomar acción.

Siga caminando, no se detenga

Algunos comienzan con mucho entusiasmo el camino hacia sus objetivos, pero la falta de persistencia los hace abandonar todo antes de llegar al destino. Además de soñar y actuar, tenemos que perseverar. La perseverancia no es una tarea fácil ni divertida. Le aseguro que todos los días, cuando mi mamá insistía en que yo tocara el piano y que repasara mis lecciones, no era una tarea que me «gustara», pero ahora, años después, ¡cómo le doy gracias a mi mamá por haber insistido! De hecho, cuando recibí mi primer Grammy Latino, a la primera persona que agradecí fue a mi mamá, porque fue a través de su paciencia y esfuerzo que continué en la música. Si ella no me hubiera ayudado a aprender la perseverancia, quizá nunca habría ganado ese Grammy, ni ningún otro reconocimiento. Pero, gracias al hecho de que me enseñó a perseverar, he podido utilizar mi música como la parte principal de mi vida. ¡Gracias, mamá!

Como resultado de la perseverancia, hasta el caracol y el gusano lograron llegar al arca de Noé. En muchas ocasiones, lo único que podemos o sabemos hacer es, simplemente, poner un pie delante del otro. Quizá estén pasando cosas a nuestro alrededor que no entendamos y nos cuestionamos si estamos en el lugar correcto haciendo lo que debemos. Siga poniendo un pie delante del otro. Quizá esté siendo blanco de calumnia, el rechazo o la burla y lo han desanimado de lo que se ha propuesto. Siga poniendo un pie delante del otro. Si le han «serruchado el piso», siéndole desleal, creando situaciones difíciles de aceptar y le ha entrado el pensamiento de abandonarlo todo, no lo haga. Siga poniendo un pie delante del otro. Siga asistiendo a sus clases, siga cumpliendo con sus compromisos, siga siendo fiel a su palabra, siga poniendo un pie delante del otro y cuando menos lo piense, estará frente a su Tierra Prometida. No lo dude. ¡Déle el frente a su mañana! Es extraordinario lo que le está esperando. No miré para atrás. No hay nada allá que haya que conquistar. Todo lo que conquistaremos está en nuestro futuro.

Hay un verso de la Biblia que me gusta mucho que es muy conocido y que hace referencia a la importancia de perseverar. Dice: «No nos cansemos, pues, de hacer bien; porque a su tiempo segaremos, si no desmayamos» (Gálatas 6:9). La clave para la cosecha está en el consejo «si no desmayamos». Es decir, los que desmayan, desisten, abandonan el esfuerzo, nunca cosechan. No seamos de esos que abandonan las cosas a la mitad. Sigamos poniendo un pie delante del otro mirando hacia el futuro brillante que Dios nos ha preparado.

Hay grandes triunfos por alcanzar. Usted necesita seguir caminando. Se ha comprobado históricamente que cualquier persona que toma sus sueños y se aferra a ellos por cinco años, los alcanza. Muchas personas no lo logran porque al cuarto año y medio, lo abandonan. Sea fiel, perseverante y persistente. Dios borrará su pasado y le dará un precioso futuro, porque el que comenzó la buena obra en nosotros, la perfeccionará hasta el día de su venida. Esa es la promesa de Dios, por esa razón me gusta mucho otra frase de John Mason que dice: «Nunca temas confiarle un futuro incierto a un Dios conocido».

Para reír

Un tipo estaba parado a la orilla de la carretera pidiendo aventón, en medio de una tremenda tormenta, en una oscura y tenebrosa noche. Pasó un tiempo, pero nadie se paraba. La tormenta era tan fuerte que apenas si se alcanzaba a ver a unos 3 metros de distancia. De pronto, ve que un extraño carro se acerca lentamente y al final se detiene.

Sin dudarlo, por lo precario de su situación se sube al auto y cierra la puerta. Voltea y se da cuenta, con asombro, de que nadie va manejando ese auto.

El vehículo arranca de nuevo, suave y pausadamente. El tipo mira hacia la carretera y ve, con horror desorbitado, que adelante está una curva. Asustado, comienza a rezar e implorar por su salvación al advertir su trágico destino. El fulano no ha terminado de salir de su espanto cuando, justo antes de la curva, entra una mano tenebrosa por la ventana del chofer y mueve el volante, lentamente, pero con firmeza.

Paralizado por el terror y sin aliento, se aferra con todas sus fuerzas al asiento; inmóvil e impotente ve como sucede lo mismo en cada curva del tenebroso y horrible camino, mientras la tormenta aumenta con fuerza. El sujeto, sacando fuerzas de donde ya no le quedaban, se baja del auto y se va corriendo hasta el pueblo más cercano. Deambulando, todo empapado, se dirige a una cantina que se percibe a lo lejos; entra y pide una bebida fuerte. Temblando aún, les empieza a contar a todos los presentes la pavorosa experiencia que acababa de sufrir.

Se hizo un pesado silencio ante el asombro de todos. El miedo asomaba por todos los rincones del lugar. Como a la media hora, llegan dos hombres todos mojados y le dice el uno al otro, en tono molesto:

«¡Mira Juan, allá está el sinvergüenza que se subió al carro cuando lo veníamos empujando!».

Preguntas para reflexionar

1. ¿Qué peligros, desafíos y pruebas imprevistas he podido enfrentar?

2. ¿De qué forma me pueden ayudar estos desafíos a mirar hacia el futuro?

3. ¿A qué circunstancias del pasado necesito quedar ciego?

4. ¿De qué forma puedo empezar a ver las cosas como Dios las ve?

5. ¿Cómo puedo salir de mi zona de comodidad?

6. ¿Cómo puedo empezar a poner en acción mis sueños?

Oración

Señor, ayúdame a enfrentar valientemente los desafíos y a romper con las mentiras del temor. Quiero quedar ciego al pasado y poder mirar hacia el mañana. Ayúdame a cambiar mi manera de pensar y a ver las cosas como tú las ves. Dame una nueva visión y perspectiva de las cosas. Ayúdame a seguir caminando hacia delante y a ser persistente. Gracias por tu paz. Gracias porque puedo confiar en ti en medio de la aflicción, porque tú has vencido al mundo.

CAPÍTULO DIEZ

El único temor válido

Cuándo se teme a Dios, no se teme a nada más,
pero cuándo no se teme a Dios se teme a todo lo demás.

Oswald Chambers

Aunque suene extraño lo que voy a decir, una de las maneras más efectivas para destruir el temor en nuestra vida es temiendo a Dios. Suena extraño porque estamos hablando de destruir un temor y luego de tener otra clase de temor. Es que son dos tipos diferentes de temor. Un temor, al que necesitamos decirle «adiós», es al temor que viene del miedo, el terror y la angustia. La otra clase de temor es reverencial, de respeto y honra. El sabio Salomón escribió, «El principio de la sabiduría es el temor de Dios» (Proverbios 1:7). Cuando respetamos, honramos y reverenciamos a Dios en nuestra vida, el temor y el miedo no pueden ser parte de nuestra existencia, porque donde Dios está sentado, el temor no puede habitar. Es desafortunado que haya muchas personas que tienen un concepto equivocado de lo que es temer a Dios. Necesitamos tener un mejor entendimiento de cómo reverenciamos a Dios al ponerlo en un lugar de importancia en nuestra vida.

Hace algún tiempo leí lo siguiente: «Desde que hemos perdido el temor de Dios, el mundo se ha llenado de miedos. Nos enferman cientos de miedos: miedo de nosotros mismos, del otro, del mundo, del futuro. Está libre del miedo sólo aquel que tiene temor de Dios» (Anónimo). En un capítulo anterior estudiamos que Dios no nos ha dado espíritu de cobardía, sino de poder, de amor y de dominio propio o de buen juicio. Sin embargo, es igualmente importante reconocer que «el principio de la sabiduría es el temor del Señor» (Proverbios 1:7). Será sabio el que tema a Dios. Cuando comprendamos lo que es «el temor del Señor», entenderemos lo que es «el temor correcto de Dios». Dios quiere que caminemos en sabiduría, pero para ello es necesario temerle. Hagamos un estudio de lo que es el temor de Dios analizando, en primer lugar, «lo que NO es el temor de Dios».

Lo que NO es el temor de Dios

Es interesante pensar por qué tanta gente le tiene miedo al dentista. Seguramente, en la mayoría de los casos, debe ser por alguna mala experiencia que tuvieron. Supe de una mujer que dijo lo siguiente del dentista de su niñez: «Empecé a sentirme perturbada y a llorar, y él me dijo: «Si no te callas te pego una bofetada». Es comprensible, el porqué hoy en día, ella está dispuesta a recorrer más de 100 kilómetros para ir a un dentista con el que se siente segura. De la misma manera, es probable que mucha gente le tenga miedo a Dios por un problema similar o que adquirieron un temor a Dios no saludable cuando eran niños, por una experiencia negativa con alguna persona que representaba a Dios. Existen otras personas que han usado el nombre de Dios para atemorizar o manipular a otras, y así lograr que éstas hagan algo que ellos quieren. Por ejemplo, una vez escuché a una mamá decirle a su hijo pequeño que estaba llorando, que si no se callaba, «Diosito» se iba a enojar con él. ¿Qué clase de persona quiere que su hijo crezca con un concepto de que «Diosito» se enoja cuando está llorando? Ese niñito de seguro se ha preguntado muchas veces ¿Qué clase de «Diosito» es, entonces? Esa mamá, por querer manipular a su niño para que haga lo que ella quería, daña la buena imagen de Dios en la mente del niño. ¡No se vale! Desafortunadamente, en nuestra cultura hispana existen muchos conceptos equivocados acerca de lo

que es el temor de Dios, debido a personas como esa mamá, que han representado mal a Dios o han dado información incorrecta acerca de
Él. Le puedo asegurar que el temor correcto no tiene nada que ver con
el miedo. En ningún lugar la Biblia dice que debemos tenerle «miedo a
Dios» sino «temor de Dios».

Cuando Adán y Eva desobedecieron a Dios, se escondieron en
el huerto del Edén porque sabían que habían cometido un grave error.
Ellos mismos declararon: «Tuvimos miedo y nos escondimos de Ti»
(Génesis 3:10). Cuando usted y yo tenemos un temor correcto de
Dios, ese temor no nos lleva a escondernos de Él, sino que sabemos
que nos está buscando, que quiere convivir con nosotros y corremos
hacia Él como un niño corre a los brazos de un padre amoroso. Adán
y Eva, tuvieron miedo de Dios por el pecado que habían cometido. Si
le tenemos miedo, con sólo escuchar la voz del Señor entraremos en
pánico.

Algunas personas que han representado a Dios nos han enseñado que Él es un ser implacable, difícil, gruñón y enojado. Nos vie-
nen a la mente imágenes de un hombre viejo con muchas arrugas en la
cara, la frente fruncida, la boca enojada, con una larga barba blanca,
una mirada severa y un garrote de 20 metros en la mano para castigar
a quien se porta mal. Ha habido, a través de los años, representantes de
Dios que han hablado tanto del juicio y la severidad de Dios que esa
es la única imagen que el público, en general, tiene acerca de Él. Es
una verdadera lástima, especialmente cuando nos damos cuenta de
que Dios es misericordioso, lento para la ira, lleno de gracia y amor. La
Biblia enseña que Dios es un Dios de alegría, perdón, auxilio y soco-

rro, que está viendo de qué manera nos puede ayudar a salir adelante. Dice que sus misericordias son nuevas cada día y que Él nos lleva en la palma de su mano. ¿Se da cuenta de cuán diferente es este cuadro al otro? Dios es un Dios que sonríe. Dios es un Dios que canta. Es un Dios de amor.

El temor de Dios no es vivir intranquilo pensando: «creo que a mí, Dios no me ama porque me porté mal hace 5 años». ¡Qué horrible sería vivir así! Imagínese tener que pensar en todas las cosas malas que hemos hecho a lo largo de nuestra vida. Él es un Dios tan bueno que dice que si confesamos nuestros pecados, Él es fiel y justo para perdonar nuestros pecados (1 Juan 1:9). Las personas que viven preocupadas porque Dios las va a castigar por todo lo malas que son, son personas que siempre vivirán en la zozobra y en la incertidumbre. No hay ninguna razón para vivir así. La Biblia enseña que usted y yo podemos entrar confiadamente ante el trono de la gracia, sin temor, para recibir el «oportuno socorro.» (Hebreos 4:16). Me fascina el concepto de entrar delante del trono de Dios, para pedirle ayuda y Él promete darnos el «oportuno» socorro. No socorrernos cuando se le venga en gana, sino en el momento que más lo necesitamos; es decir, la ayuda necesaria para salir del problema en el que estamos ahora mismo. Así es de bueno Dios con nosotros.

En ocasiones, los policías de tránsito encuentran lugares donde estacionarse para esperar algún despistado que viene a una velocidad más alta de la que debe tener. Quizá el policía se coloca en un lugar donde la carretera sube a una colina pequeña y de pronto baja, creando un espacio invisible para el chofer donde no alcanza a ver que del

otro lado de la colinita, lo está esperando un policía para medir su velocidad. Es como un estilo de trampa que pone el policía para «sor-
prender» a los conductores. Muchísimos adictos a la velocidad han
sido atrapados con este tipo de estrategia. El temor de Dios no es estar
cada día esperando para ver si la ley de Dios nos va a atrapar. Como si
Dios tuviera grandes trampas puestas por todos lados para sorpren-
dernos en nuestros errores o espías para reportarle todo lo malo que
hemos hecho. La Biblia dice que «la ley es para los que están sin ley».
Los que nunca infringen la ley, nunca se tienen que preocupar por la
ley. Los que siempre están rompiéndola son los que deben preocu-
parse. Pero, si usted y yo caminamos en rectitud, abiertamente, a la luz
del día, en obediencia y honestidad, entonces no tendremos nada que
temer. Como dice un dicho: «El que nada debe, nada teme».

El salmista David declaró las siguientes palabras: «Jehová es mi
luz y mi salvación, ¿de quién temeré?» (Salmo 27:1). Cuando él hace
esta declaración no se expresa en el sentido de la valentía de un «bra-
vucón», sino simplemente desde un corazón de tranquilidad y paz
que tenemos aquellos que amamos a Dios y vivimos en la confianza
que resulta de conocerlo. El alma que conoce al Señor no tiene miedo.
Así que, igual que el Salmista, podemos decir: «no tenemos por qué
tenerle miedo a nadie. El Señor es nuestra luz, nuestra salvación.
Él peleará nuestras batallas. Él está a favor mío. Puedo estar tranquilo
y confiado». Esa es la clase de confianza que produce conocerlo y
amarlo.

Lo que Sí es el temor de Dios

Una parte muy importante de conocer a Dios es la de conocer, concretamente, el temor de Dios. No lo podemos conocer plenamente, hasta que no entendamos cómo reverenciarlo y vivir en un respeto santo hacia Él. Para ayudarnos a entender un poco mejor lo que es el temor de Dios, haré las siguientes afirmaciones con la esperanza de que nos ayuden a tener una mejor idea de lo que es el «temor de Dios»:

El temor de Dios es admiración reverente
Cuando contemplamos las maravillosas obras del Señor, nos quedamos sin habla. Al mirar las estrellas, las obras de sus manos, quedamos admirados. Ese es un aspecto del temor de Dios, reconocer que mis ojos no pueden abarcar toda la inmensidad de Su enorme y magnífica creación. Cuando vi nacer a mi hija, Elena, me sobrevino una emoción tan fuerte que no se la puedo describir. Mi primera reacción fue recordar el versículo de la Biblia que dice; «Sólo el necio dice en su corazón: no hay Dios» (Salmos 14:1). Es imposible ver esa maravillosa creación de Dios, el milagro del nacimiento, el proceso mismo, los millones de detalles que tienen que estar todos en orden para que salga bien el parto y aún después atreverse a decir que no hay Dios. Sólo un necio, un tonto, lo haría. Es imposible ver todo lo que Dios ha creado y decir que no hay Dios. Sólo un necio lo haría. Es interesante saber que los científicos aún descubren cosas nuevas acerca del Universo y se sorprenden cuando lo descubren. A mí, en lo personal, me sorprende que se sorprendan. ¿No saben lo grande que es nuestro

Dios? ¿Piensan, en su arrogancia, que son tan inteligentes que ya lo han descubierto todo? Sólo un necio lo haría. El salmista David dijo: «Cuando veo tus cielos, obra de tus dedos, la luna y las estrellas que Tú formaste, digo: ¿Qué es el hombre, para que tengas de él memoria, y el hijo del hombre, para que lo visites? Le has hecho poco menor que los ángeles, y lo coronaste de gloria y de honra. Le hiciste señorear sobre las obras de tus manos; todo lo pusiste debajo de sus pies: ovejas y bueyes, todo ello, y asimismo las bestias del campo, las aves de los cielos y los peces del mar; todo cuanto pasa por los senderos del mar. ¡Oh, Jehová, Señor Nuestro, cuán grande es tu nombre en toda la tierra! (Salmos 8:3—9).

En muchas ocasiones cuando Jesús tocaba a los enfermos o hacía alguno de sus grandes milagros, sus discípulos se asombraban y como resultado glorificaban Su nombre. Las personas que estaban a su alrededor también le glorificaban. De la misma manera, usted y yo podemos contemplar lo grande que Dios ha sido en nuestra vida. No tendremos otra reacción que levantar nuestras manos y a gran voz exclamar: «¡Gracias, Señor, te glorifico porque tus obras son grandes y maravillosas en mi vida!». «Te alabaré; porque formidables, maravillosas son tus obras; estoy maravillado, y mi alma lo sabe muy bien» (Salmo 139:14). Eso es una dimensión del temor de Dios: admiración reverente.

Respeto devocional

Meditaba sobre estas dos palabras: «Respeto devocional» y recordé la historia de Ester, una jovencita sencilla en una tierra extraña que, de pronto, se encontró en una situación interesante en la que fue elegida para ser reina en un tiempo de muchos cambios y frente a un terrible problema. Había un hombre muy malo, cerca del rey que quería matar a todo el pueblo judío. Ester era judía y sabía que si no intervenía, ella, junto con todo su pueblo, iba a pasar a ser historia, si este hombre, Amán, se salía con la suya. Ester reconoció que sólo ella era la que podía salir al frente de esta situación en nombre de todo su pueblo. Escogió romper el protocolo y presentarse delante del rey para abogar por su pueblo, a pesar de que él no la había mandado a llamar, protocolo que tendría que haber seguido. Pesó el riesgo y decidió jugársela, porque si moría abogando por su pueblo, era igual que morir sin abogar por ella misma. De alguna manera, si ella no hacía algo, iban todos a morir. Así que tomó la difícil decisión de hablarle al rey. Ester sabía que si hallaba la gracia ante los ojos del rey, él le extendería el cetro o, de lo contrario, significaría la muerte instantánea para ella. La historia relata que Ester se vistió con un vestido real, se perfumó e ingresó al patio interior de la casa del rey y se presentó ante él con «respeto devocional». No era temor, no era miedo, sino «respeto devocional». Mientras el rey la miraba, el milagro que ella y su pueblo tanto necesitaban ocurrió. Ester había hallado gracia ante los ojos del rey, quien extendió su cetro y le preguntó: «Ester, ¿qué es lo que quieres?». El fin de la historia es uno de gran victoria. El hombre malo, Amán, terminó sufriendo una muerte trágica por haber conspirado en contra del pueblo de la reina. Ester fue la heroína que salvó a todo su pueblo del desastre. Sin embargo, me llama la atención la frase «respeto devocional», al referirse a la manera en que ella entró delante del rey: con humildad, pero con confianza. Como quien entiende su lugar, pero que no excede la confianza entregada. Al igual que nosotros cuando tenemos el concepto correcto de quién es Dios en nuestra vida. Este es otro aspecto importantísimo de conocer el verdadero temor de Dios.

Quizá nosotros todavía necesitamos prepararnos, como lo hizo Ester, antes de entrar delante del trono de Dios. Quizás necesitemos un buen baño, perfumarnos con el perfume de la Palabra de Dios, vestirnos con las vestiduras reales que Jesucristo nos ha dado y después acercarnos al patio interior de la casa del Rey para dejar que Él extienda su cetro y nos reciba en sus brazos de amor. Acerquémonos al Rey con «respeto devocional» y, cuando Dios vea nuestro corazón y nosotros podamos admirarlo, Él extenderá su cetro hacia nosotros y cosas buenas sucederán en nuestra vida. Obviamente, el respeto devocional no significa ser «igualado». Esta es una buena palabra que usamos en México para explicar lo que significaría tratar de estar en el mismo nivel de la otra persona. El respeto devocional mantiene a todos en su lugar correcto. Por ejemplo, si el presidente de alguna nación estuviera frente a nosotros le mostraríamos absoluto respeto y no lo trataríamos como a un amigo cercano. Mantendríamos la propiedad en relación a la posición de cada uno. Por eso decimos que cuando un niño le habla a un adulto de «tú», sin tener confianza o amistad, es un «igualado». Usemos esa palabra como ejemplo, para entender que tenemos que mantener la propiedad con Dios. Es decir, no hay que ser igualados con Dios, sino tener una relación de «respeto devocional» hacia Él. Mantener nuestro lugar de confianza, sin ser irrespetuosos. Entrar confiados ante Él, pero con el merecido respeto. Esa es una parte importante de conocer el temor de Dios.

Frente a la presencia del Señor hay admiración reverente, un respeto por quién es Él, pero hay confianza. Si decide leer la historia bíblica de Ester descubrirá que hubo otra reina llamada Vasti que perdió su reinado por ser una «igualada». El rey mandó a llamar a Vasti, pero ella prefirió quedarse limándose las uñas. Eso de limarse las uñas es mi imaginación en modalidad de «turbo». No estoy seguro de que se estuviera limando las uñas, pero mi imaginación ayuda a entender el desdén que le mostró al rey) (Ester 1:17). Por causa de esa falta de respeto y reconocimiento al rey, Vasti perdió su posición de reina. Fue entonces que comenzó la búsqueda de una nueva reina, en la que encontraron a Ester (Ester 2:17).

Confianza relacional

El apóstol San Juan escribió: «Y en esto sabemos que nosotros le conocemos, si guardamos sus mandamientos» (1 Juan 2:3). Cuando caminamos en los mandamientos de Dios y andamos a la luz de Su Palabra, lo hacemos con confianza, porque lo conocemos de cerca. Dios es quien nos guía, y nos promete que «no dará tu pie al resbaladero, ni se dormirá el que te guarda» (Salmo 121:3), a través del Salmista, al expresar su absoluta confianza en Dios. Usted y yo caminamos confiados cuando lo hacemos en la perfecta ley de Dios. De esa manera, podemos lograr lo que es la «confianza relacional». Guardar sus mandamientos es guardar su confianza, y cuando se guarda la confianza hay gozo en la amistad. ¿Alguna vez alguien defraudó su confianza? Deseo que nunca le pase ya que es una de las peores cosas que nos puede suceder como seres humanos. Pero cuando caminamos con Dios, podemos estar seguros y confiados de nuestra amistad con Él. Dios nunca nos defraudará. De eso podemos estar absolutamente seguros.

Una de mis deficiencias personales es que me gusta mucho la velocidad al conducir. En una oportunidad viajaba con mis tres hijos varones cuando de pronto les pregunté: «Hijos ¿les gustaría ver cuán rápido podemos correr?». Me aseguraron que sí, así que llegué a una recta larga en la que comencé a acelerar y a elevar la velocidad del vehículo. De repente, uno de mis hijos me dijo: «Papá, ¡qué bueno que mamá no viene con nosotros, porque seguramente te estaría regañando ahora mismo». Después de carcajearme de la risa, le respondí lo siguiente: «Hijo, si tu mamá hubiera venido con nosotros, ella tendría el derecho de regañarme porque entre nosotros existe una confianza relacional». Nuestra relación matrimonial se basa en la confianza. Nunca me la paso preocupado pensando de qué hablará mi esposa con sus amigas, porque existe una hermosa confianza relacional entre nosotros. Mi esposa me tiene confianza y de la misma manera no se la pasa reclamándome las cosas, sino apoyándome en todo. Nuestra confianza relacional es uno de los deleites más grandes de nuestra amistad. Es una de las bases firmes en nuestra familia. De la misma manera, nuestra seguridad en Dios se sostiene sobre la base de nuestra «confianza relacional». Si las cosas entre usted y Él están claras, entonces todo estará en orden. Como reza el refrán: «Cuentas claras, amistades largas». Temor de Dios es tener «confianza relacional». Saber que las cosas están en orden, que todo está correcto y que podemos caminar tranquilos el uno al lado del otro.

La Palabra de Dios dice: «Acerquémonos, pues, confiadamente al trono de la gracia, para alcanzar misericordia y hallar gracia para el oportuno socorro» (Hebreos 4:16). El trono representa majestad, soberbia y autoridad. Pero el trono de Nuestro Señor, aunque sea majestuoso y esté lleno de luz y autoridad, no deja de ser un trono de gracia y de misericordia. Necesitamos tener la seguridad de conocer que si Dios es con nosotros, «¿quién contra nosotros?». Podemos caminar confiados, admirando la grandeza del Señor, respetándolo devocionalmente, pero teniendo confianza en nuestra amistad con Él. Esos son algunos de los aspectos correctos del temor a Dios. Deje de temblar y póngase a disfrutar de Dios. Deje de temer y acérquese al Señor. Permita que los brazos del Señor lo rodeen.

Intimidad profunda

El temor de Dios es el punto de partida para una intimidad profunda con Él. Muchos de nosotros, qualquiera que sea el país en que vivamos, conocemos alguna información acerca de nuestro presidente. Conocemos algo de su pasado político, sus estudios, su actividad política, pero, en verdad, no lo conocemos a fondo. Si nos fuéramos a encontrar frente a frente, yo lo conocería a él, pero él no me reconocería a mí, aunque yo sepa todo acerca de su vida e historia. Tampoco podría dirigirme a él como si fuera un familiar, ya que eso sería irrespetuoso e irreverente. Mi conocimiento de él no me habilita para la intimidad relacional. Algo similar ocurre con los fanáticos de las celebridades de la música, del cine o del deporte. Ellos conocen a sus «ídolos», pero las celebridades no los conocen a ellos.

Para estar cerca de Dios debemos ser parte de una relación en el que Él nos conozca a nosotros y nosotros lo conozcamos a Él. Mientras más tiempo de intimidad pasemos con Él, mayor será la profundidad de la relación entre nosotros. Como en cualquier amistad, la clave se encuentra en la palabra «tiempo». Si nunca invertimos tiempo en una amistad, nunca florecerá. Si no pasamos tiempo con nuestra familia, nunca seremos amigos. Si no pasamos tiempo con nuestro cónyuge, nunca desarrollaremos el nivel de intimidad que se requiere para mantener una buena relación matrimonial. De la misma manera sucede con Dios. Nunca lo podremos conocer si no pasamos tiempo con Él. Debemos verlo como una parte vital y fundamental en el desarrollo de nuestra relación con Él. Lo que necesitamos es pasar más tiempo con Dios.

Como hemos aprendido hasta aquí, el temor es una fortaleza que se levanta frente a lo que se desconoce. Al mismo tiempo, comprendimos que aquello que oímos producirá fe o temor, y cuando sembramos temor, la cosecha producirá tormento en nuestra vida. Sin embargo, mientras más tiempo pasemos desarrollando una relación con Dios, menos pasaremos operando en temor. Cuando ejercitamos nuestro amor a Dios haciendo lo que Él nos dice que hagamos, el temor abandona nuestra vida. Mientras cultivemos el amor por el Padre, caminaremos en ausencia de temor. La preocupación y el temor son cánceres que tratan de destruirnos desde nuestro interior. Ambas son armas de tormento. Si finalmente aceptáramos el infinito poder del Padre y Su amor por nosotros, nunca caminaríamos más en el temor. Dios nos creó y está al tanto de todo lo que nos sucede.

Podemos acercarnos «con confianza al trono de la gracia para que recibamos el oportuno socorro» (Hebreos 4:16).

Comenzamos este libro hablando acerca de que «en el amor no hay temor, sino que el amor perfecto echa fuera el temor» (1 Juan 4:8). Pero al llegar al final de estas páginas quisiera concluir con una afirmación absoluta que deseo resumir en esta frase: «Cuando logre comprender que todas las emociones negativas provienen del temor y las positivas del amor, empezaré a llenarme del amor de Dios y a liberarme de los miedos».

Para reír

Dos hermanitos bastante inquietos de 6 y 8 años de edad asistían fielmente a la iglesia cada domingo junto a su mamá. Ella se había cansado de tratar de hacerlos comportarse durante la reunión dominical, así que tuvo la gran idea de hacer una cita con el pastor de la iglesia para que tuviera una conversación con los niños, con la esperanza de que él pudiera ayudarlos a entender la importancia de portarse bien en el lugar de reunión con Dios.

La mañana de la reunión, la mamá los dejó a la hora asignada y los dos niños entraron en el gran templo y se sentaron donde su mamá les dijo que les estaría esperando el pastor. Pasaron sólo unos minutos cuando apareció el pastor, un hombre alto, fornido y con bigote. Tomó una silla y la colocó frente a los dos niños y se sentó. Dejó que pasaran unos segundos antes de hablar, provocando así un aire de severidad. Los dos niños lo miraban con ojos grandes y casi ni podían respirar por el miedo que sentían.

De pronto el pastor les preguntó: «Niños, ¿dónde está Dios?». Esto, con el fin de ayudar a los hermanitos a entender que en la iglesia ellos estaban en la casa de Dios, así que había que respetarlo más y portarse bien cuando estuvieran ahí.

Silencio. Ningun de los niños podía decir algo.

De nuevo el pastor preguntó: «Niños, ¿quién me puede decir dónde está Dios?».

Nada. Sólo los ojos se les pusieron más grandes y el corazón les palpitaba más fuerte.

Por tercera vez el pastor les pregunta, sólo que ahora, se mueve un poco más cerca de ellos, con tono de voz grave y volumen subido: «Niños, ¿Dónde está Dios?».

En eso, el mayorcito, toma a su hermano menor de la mano y se suelta a correr. Salen por la puerta delantera hasta llegar a la calle. Doblan a la izquierda hasta llegar a la esquina. Vuelven a doblar de nuevo a la izquierda y corren, despavoridos hasta cubrir un par de cuadras. Lo suficientemente lejos de ese lugar de donde acababan de huir.

«¿Qué pasó?», pregunta el hermano menor.

Le contesta su hermano mayor: «En ese lugar han perdido a Dios y nos quieren echar la culpa a nosotros».

Preguntas para reflexionar

1. ¿Cuánta reverencia y respeto le tengo a Dios?

2. ¿Qué lugar tiene Dios en mi vida?

3. ¿Qué concepto tengo del temor de Dios?

4. ¿He perdido el temor de Dios?

5. ¿Cuál es la imagen que tengo de Dios?

6. ¿Le tengo miedo o pánico a Dios?

7. ¿Qué obras de admiración que Dios haya hecho puedo contemplar en mi vida y a mi alrededor?

8. ¿Cuán profunda es mi intimidad con Dios?

Oración final

«Señor, te pido que todo concepto equivocado de quién eres Tú sea deshecho en este momento, en el nombre de Jesús. Rompe toda mentira que haya mantenido encarceladas a tantas personas con farsas acerca de un Dios severo y terrible. Ayúdanos a entender quién eres y enséñanos cómo podemos acercarnos confiadamente ante tu trono de gracia para recibir el oportuno socorro y así poder caminar confiadamente, libres de todo temor».

AGRADECIMIENTOS

Johanna Castillo, una gran mujer de gran visión, empuje y brillante profesionalismo. Trabajar contigo ha sido un verdadero placer. Gracias por empujarme hacia la excelencia.

Gisela Sawin, gracias por las horas de entrega dedicada a este proyecto. Tu esfuerzo te hace partícipe de las vidas que han cambiado gracias a este libro.

Tom Winters, gracias por ser mi amigo. Gracias por tu apoyo y por brindarme nuevas oportunidades. Solo Dios sabe todos los premios que recibirás por tu esfuerzo en obtener bendiciones para los demás en el anonimato.

Wiljosmer Mora, tu entrega y dedicación a este proyecto lo convirtió en un libro fuera de serie. Sin tu colaboración, nunca hubiera terminado el manuscrito en las fechas de entrega. Trabajar contigo es un gozo.

Bruce Calderón, gracias por tu constante apoyo y dedicación. Eres una bendición.

Alfonzo Ortiz, gracias por estar siempre pendiente, vigilante y por ayudarme a organizar mi tiempo para terminar este proyecto. Te estoy eternamente agradecido.

Joel y Victoria Osteen, nosotros empezamos a vivir nuestra

vida al máximo cuando llegamos a Lakewood. Gracias por ser un buen ejemplo de lo que significa vivir sin temor.

Elena, Jonathan, Kristofer y Carlos, gracias por aguantar los días que estuve fuera de casa, apasionado por plasmar en este manuscrito el mensaje que Dios ha quemado en mis huesos. ¡Ustedes son lo máximo!

Miriam, como tu no hay otra. Le doy tantas gracias a Dios por el día en que te conocí. Cambiaste mi vida y en muchas maneras lo sigues haciendo día tras día, aún después de más de dos décadas de vida juntos. ¡Te quiero cada día más!

Jesús, tu vida fue un gran ejemplo de lo que es un verdadero hombre. Tu muerte nos restauró el camino hacia el Padre. Tu resurrección nos da la esperanza de la vida eterna. ¡Eres mi héroe!

BIBLIOGRAFÍA

Acosta, Andrea. «Pornografía: Un peligro disfrazado de placer». 17 de Julio de 2003. El Pregonero. http://www.elpreg.org/noticias/07-17-03/4.shtml

Bernardo, Rafa y Flores, Juan Carlos. «Fobias de famosos». Escuela de Periodismo UAM/EL PAÍS. http://www.elpais.es/corporativos/elpais/escuela/edp_paginas/trabajos_alumnos/web2004/webfobias/paginas/fcufamo.htm

Chalela Mantilla, Pablo Alberto, MD. «Fobia social», Susmedicos.com. http://www.susmedicos.com/art_fobia_social.htm

Coloma, Cristina Ruíz. *Atrévase a no ser perfecto. Cuando el perfeccionismo es un problema.* Editorial Debolsillo, Barcelona, 2003.

Contreras P., Francisco. «No tenga miedo». 2006.

Iglesias, Mariana. «Cuáles son y cómo se pueden curar las fobias más insólitas». Imaginarius. http://miarroba.com/foros/ver.php?foroid=207474&temaid=2937566

Kennedy, Daniel. «Todo esta en su mente». 2006.

Lafuente, Henzo. «Diccionario de fobias». Octubre 2002. Apocatastasis.com: literatura y contenidos seleccionados. http://www.apocatastasis.com/fobias-diccionario.htm

La Santa Biblia, Nueva Version Internacional. Sociedad Bíblica Internacional. 1979.

La Santa Biblia, Reina-Valera. Sociedades Bíblicas en América Latina. 1960.

«Los miedos y las fobias». Enplenitud.com. http://www.cnpleni tud.com/nota.asp?articuloID51

«Mi libro de cisterna». 11 de Abril de 2003. ESKPE.com. http://www.eskpe.com/secc_eskpe/humo_eskpe/Postres_de_No tas/abrilajuniode2003/ARTICULO-WEB-NOTA_INTERIOR_ESKPE-2101867.html

Mujeres del tercer milenio. «Fobia». Luis José Uzcátegui, supervisor. 25 de Julio de 2003. Gentiuno, gente del siglo XXI. http://www.gentiuno.com/articulo.asp?articulo=459

Mujeres del tercer milenio. «Trastorno de pánico». 25 de Julio de 2003. Gentiuno, gente del siglo XXI. http://www.gentiuno.com/articulo.asp?articulo=458

«Qué es la ansiedad/fobia social?». Fobiasocial.net, el portal de la fobia social. http://www.fobiasocial.net/ansiedad-social.php

«Salud mental, ser libre al fin». 24 de Septiembre de 2005. Ayuda Asociación. http://www.asociacionayuda.org/notas_prensa_ noticias.html

Wallis, Claudia and Dell, Kristina. «What makes teens tick». *Time* Vol.163 No. 19 (10 de mayo de 2004).